我被上天關機的2001夜

廖文瑜 著

謹以此書獻給：

獨自撫養我長大的母親，及

所有真心想「回家」的生命旅者！

推薦序 · 首

達賴喇嘛序

THE DALAI LAMA

廖文瑜女士對西藏和藏傳佛教投入了相當多的心力與支持，她早在 1998 年開始就與西藏和藏人結上法緣。這期間她訪問了我幾次，並且寫了一本有關我的書和製作了西藏流亡五十年的紀錄片。

廖女士的工作主要是拍攝重要佛教聖地，介紹個別佛教國家的風土人情，增長了大眾對不同佛教傳統的認識。這應該是她宿世以來在佛法修行上累積的深厚善果，也是她個人入道修行的特殊因緣。

她不曾忘記我告訴她：「要做對人類有意義的事」。現在她把這段高低起伏的獨特人生經歷寫成本書，記錄她沈潛反思後的深刻體悟，也可說是她修行心得的呈現。在此，我希望她的修道旅程能逐步開展與深入，與更多人分享佛法所帶來的解脫覺悟喜樂。

祈願一切吉祥！

釋迦比丘 達賴喇嘛 丹增嘉措

2023 年 10 月 6 日於達蘭薩拉

推薦序・二

困中求索，行中體踐——尋找心家的生命之歌

公視基金會董事長　胡元輝

「問余何適，廓爾忘言。」人生之路漫漫，吾人於生命旅程之中常有如下疑惑：下一步往哪兒走？有時更進而追問，生命終點到底在哪？弘一大師「廓爾忘言」的答案或許是許多人嚮往的境界，但海闊天空的無言妙境豈易達致？

吾友文瑜曾經在人生道路上「充滿疑惑」，中年的她更為此「關機」二〇〇一天。用我的話來說，她深陷要往哪兒走，該往哪兒去，卻一時徬徨無解的困境。令人敬佩的是，她不迴避、不逃逸，誠摯面對此一人生課題，艱辛求解：疑惑何所來，未來何所依？

就個人閱覽及經驗所得，人無困惑，恐非「人」也。芸芸眾生，庸庸碌碌也好，汲汲營營也罷，夜深人靜之時，皆不免有此生何去何從的困惑。況且，人生不如意事十常八九，沮喪挫折之際，更往往興起何以致此、何以解脫的疑惑。人生智慧困中得，行中覺，自述

生而為聖者，非虛即假。

文瑜說，她從十八歲至今，從未放棄尋找回家的路。對於找到生命可依止的「家」，始終不屈不撓。我與文瑜相識十餘年，雖鮮少應酬式往來，但這些年，她以生活實踐探索人生常道，展現有血有肉的人生、求智求慧的真我，著實令人佩服。生命必有抑揚頓挫，尋常人無不俯仰其間，差別者僅在於是否願意認真面對疑惑，積極體踐所悟而已。

貴為王子的釋迦牟尼佛，年輕時感受生老病死之苦惱，卻找不到離苦之方，遂決心離家求道、入世傳法；少時貧賤故多能鄙事的孔子，亦周遊列國，尋求道行天下的機會。他們都有煩惱，也都有困惑，卻能困中求索，行中體踐，終而成為人類生命的典範。所謂「朝聞道，夕死可矣」，這才是真正的人，亦為真實的道。

達賴喇嘛曾如此答覆文瑜有關「家」的提問：「任何一個地方讓你覺得快樂，那就是你的家。」

二十多年來期盼遇到根本上師的文瑜，在本書中娓娓道來自己尋找意義的旅程，不僅讓君子之交，其淡如水的我，對她的奮鬥人生有了更多的認識。尤具意義的是，這本書是文瑜尋「家」的生命之歌，每位讀者都可以在她尋找生命出口的自述歷程中，共同參證人之所以能夠自我超越的可能。

英國作家路易斯・卡洛爾(Lewis Carroll)所撰小說《愛麗絲夢遊仙境》中，有一段廣為流傳的愛麗絲與貓的對話。面對愛麗絲詢問，「請你告訴我，我應該往哪走？」貓的回答是：「這得看你想要去哪裡！」作為人的我們，不只會問下一步要往哪兒走？更不時想問：到底要走到哪裡？生命最終的目標在哪兒？

弘一大師手書偈語的完整版是：「君子之交，其淡如水。執象而求，咫尺千里。問余何適，廓爾忘言。華枝春滿，天心月圓。」我們都在人生旅程中追尋該走的路，「花枝春滿，天心月圓」，或許令人嚮往，但答案應當要由每個人自己來追求。文瑜的體悟在於「無一物處才是歸鄉的寂靜」，路是自己走的，您的呢？

文瑜在本書中陳述自己的體悟：能夠引導你成為自己的導師與主人者，就是你的根本上師。誠然，心無罣礙，人間可以成佛，「驀然回首，那人卻在，燈火闌珊處。」

推薦序・三

回歸本源的行證之路

（編者代擬標題）

台新銀行文化藝術基金會董事長　鄭家鐘

文瑜是個生命的修行者，她一直在追尋著本心，她的一生是勇敢的旅程。這本《我被上天關機的二〇〇一夜》敘述的是她一生非比尋常的經歷。

由年輕得志的媒體人，經歷因為「佛國之旅」的艱辛拍攝過程，當中在「人間」與「神境」的來回徘徊，見過的宗派宗師無數，並親炙星雲大師、達賴喇嘛，在「三脈七輪」中醒悟。她的遭遇及反思，堪稱角度豐富，見於不可見。

文瑜經歷病痛的種種，由驅魔除障到肺結核的診出與搏鬥，書寫出身心靈的外在拉扯與內在自我辯經。

七年完全入空，她稱為關機的二〇〇一天，印證「法尚應捨，何況非法」的倒空狀態，給她很多新生的力量。

「毀滅，是重生的開始。」

「清空杯子，自我毀滅。」

回到人生唯一究竟的問題「為人類做有意義的事」。

體驗一無所有而心滿意足的境界。

再也不用有色眼鏡看待眾人，修出平等心。

找到悅性能量，中道而直，可以用喜悅能量澆灌行的意義。

她體會「唯有掌握生命主軸，經由內在自然升起的穩定感，生命才不會淪為枝微末節的探索」。

這本書暢談生命的跌宕起伏，及文瑜內在世界的毀滅和重生，並進入某種恆定階段的歷程。

行證，是文瑜的基準點。她說「經文歸經文，念再多，我還是我」因此，只有「內在本心自然而然的安靜，浮現穩定的清晰感」，經文才能自然在生活中實踐出來。

個人認識文瑜時間不長，交集不多，但同為媒體人，有些惺惺相惜的況味，也佩服她勇敢的現地主義，踩踏極難行之路途、遭遇極重大的磨難，以無可如何之境遇，行緣起性空之修為。

這本書當可稱為「行證之學」，而造福讀者。

推薦序・四

尋找內在的香巴拉

前蘋果日報文創中心執行副總編輯　方巧如

還記得二〇一〇年曾在報紙上見到曾是同事、也是好友廖文瑜的新聞，當時她以兩年半的時間，克服萬難，完成《高山上的老頑童——達賴喇嘛紀錄片》，還特地在國父紀念館辦了首映交響晚會，現場冠蓋雲集，當時距她以《佛國之旅》拿下金鐘獎，不過才四年時間，我當時心想：「文瑜啊！妳真是天之驕女，什麼都有了！」

同為媒體人，她的華麗轉身曾讓許多人欽羨，她走過一百多個城市、六百萬公里路程，記錄二十餘國世界佛教遺址，也為記錄老中青三代藏人五十年流亡史，飛過半個地球，與達賴喇麻相會於印度、羅馬、美國等不同時空，要說人生的追尋，她以精彩的生命淋漓盡致地示範。

但生命如此奧妙，如她後來曾形容自己的前半生「如攻頂喜馬拉雅，只是，登上峰頂，終須下山。」這趟下山、閉關、醞釀之路花了她十四年人生。

當我翻閱書稿時，想起我們曾同在媒體任職，也曾追逐名牌、喜歡華服美物，還因為對身心靈有著濃厚的興趣，常探訪特異人士，那時以為靈性藏身求神問卜、活動的追尋中，今昔對照，究竟哪一個才是廖文瑜？

廖文瑜在書中提到曾探訪一個當時連衛星都打不到的「香巴拉」（香巴拉為梵語，亦名為香格里拉），地點位於尼泊爾里米山區，這是一趟需自帶發電機、仰賴直升機、馬匹或犛牛、翻越好幾個山頭才到得了的僻壤，團隊搭乘的飛機愈搭愈小，一路得割捨不必要的行李，最後一行人被迫將一個個行李往下扔卻仍超重，在最後關頭，幾位同團人員決定步下飛機，飛機才順利起飛成行。

看到這裡，我內心隱隱震動，行到中年的這一路，我也背負了多少無形行囊？又可曾看得懂這些「行李」中，藏的究竟是寶藏，抑或是早已成為巨石的無謂之物？而我卻不肯放手？為何我偏只想緊緊抓住不放，而我又如何能確認這一切？

美國歷史學家、作家凱特布朗曾在《惡托邦記》一書中，提到她曾前往一七三〇年被一位歷史學家大筆一揮劃下成為歐亞疆界的烏拉山脈，當她來到這個將俄羅斯人歸類為歐洲人、哈薩克人歸為亞洲人的重要地標時，只見四周一片平靜，許多新人特別前來拍下橫跨歐亞親吻照片時，一股奇妙感受油然而生：「一旦我到了正確的地方，所有的事物卻不在正確的位置上，就像是一箱文件扔到了空中，所有結構與秩序都被抹滅。」

我們自小到大的種種養成，被劃下的界線、被教授的認知標準，是否也曾在日後的哪一個靈光片刻中，讓你突然不禁自問「是這樣嗎？這真的是我嗎？」當你真正來到生命歧路的關頭，許多靈性和正向書籍中教導的種種「放下」和概念，真是解脫之道嗎？

令人驚喜的是，這些問題竟都能在《我被上天關機的二〇〇一夜》一書中找到方向，闔上書，發現自己深深被字裡行間深刻的洞察與明白所觸動，原來真能在生命中「甦醒」！這是一本寫給所有中年人的生命之書，也是所有想一睹或親炙內在光明的人，此生不能錯過的寶典。

我被上天關機的2001夜

【目錄】

楔子·尋找意義的旅程

布達拉宮有一幅知名壁畫『照鏡子』。故事的主角是唐朝入藏的金城公主。傳說藏王赤德祖贊有一太子端正俊美，宛如天人。藏王想仿效松贊甘布，往唐都迎娶金城公主。唐皇問公主是否願意，公主當下不做答。原來她有一面神奇的寶鏡，可以照見未來；於是她拿出寶鏡，看見吐蕃土地富饒風光明媚，王子英俊又瀟灑，滿心歡喜決定前往。豈料太子在迎娶路程中不幸落馬而死，金城公主從鏡中看到此景，驚嚇悲痛，鏡子從手上摔落，變成兩半，形成了現在的日月山。最後，她決定：「無論苦樂，仍當來藏也。」姑且不論故事的眞僞，但，你有勇氣摔碎自己從「寶鏡」看見的宿命，聽從內心最深處的指引嗎？

當世俗的一切徹底失去意義後，
生命眞正的意義才升起

二〇一六年夏天，FB傳來一則陌生讀者的訊息，她說一直珍藏著十年前《**達賴喇嘛教我『做對人類有意義的事情』**》的剪報，她說自己到現在仍在做「很沒意義的事」爲此感到很無奈。

達賴喇嘛一句教導：「做對人類有意義的事情！」
十餘年間我奉行不逾，只是當時我只能用充滿無明迷惘的
意志去展現「有意義」！

「如何才能做對人類有意義的事情？」她問。

這個提問勾起我無限的感慨，因爲，那位一直以來秉持「做對人類有意義的事」，長年上山下海、訪問諸大修行者、到世界各處闖天關、曾獲得金鐘獎最高殊榮的小女子……其實，已經死了！

讀者來訊那階段，我才剛經歷了徹底崩盤的人生，過去的榮耀、千山萬水的拍攝採訪、被衆多聖者加持祝福……，那麼多閃亮耀眼都沒有意義了，我的自信心徹底瓦解。甚至，原來的天賦——文字、表達能力、創造力頓失，我幾乎不認識自己了；被她這麼一問，這三十年來迢迢長路的追尋才又漸漸浮上腦海。

怎麼還有人記得我呢？儘管那只是網路陌生人的詢問，卻是直搗我這一生痛腳的大哉問。噙著淚水、勉強打了幾行字回她：**過去幾十年來，我也一直在做自己認爲「有意義」的事，直到歷經大死一番，今年**（二〇一六年）**重生，才了解原來人生是——世俗的一切都失去意義後，眞正的意義才會升起！**

只是，並非每個人都有幸能夠領取這份毀滅大禮，你得具足勇氣，不向世俗低頭，即使摔破寶鏡，都願意聆聽內在的聲音，走向生命未知的冒險。

悉達多的冒險

約莫三十歲時，我以一個佛弟子的心情，戒愼恐懼、又驕傲無比地擔下自以爲荷擔如來家業的重責大任，努力博覽群經，發願踏遍世界各大佛國，尤其是印度悉達多太子成佛的聖地；一個王子出家求道並且覺醒的故事太令人嚮往了。

「印度王子悉達多放棄一切榮華富貴，拋下父母妻兒，一心一意求道去。夜空下，他騎著白馬，從迦毗羅衛城出走，來到森林裡，悉達多太子退去華服，剔除鬢髮，告別他的家鄉，朝向魔羯陀國的方向，展開與當時所有修行者，同樣乞食流浪的生活，獨自追尋未知的涅槃極樂，當時悉達多二十九歲。

「從錦衣玉食到餐風露宿、甚至化緣行乞，日子雖苦，悉達多卻甘之如飴。因為所有的修行者都告訴他，只有苦行才能解脫。悉達多就這樣一路來到距離故鄉有五百多公里遠的小村莊烏留頻螺村的苦行林，現在這裡已經塵土漫漫如同沙漠，少了從前森林的綠意盎然，到了夏天更是乾燥炎熱。當時苦行林中聚集了許多苦行者，他們吃人們不要的飯汁、牛糞、鹿糞等食物，睡在荊棘或牛糞上，久久洗一次澡，竭盡可能的虐待自己的身體。悉達多如法苦行，即使身體瘦如皮包骨，還是不覺得內心有何進展，只好進行最嚴酷的絕食，希望能獲得最高的涅槃解脫境界。」

在電視節目『佛國之旅』中，我詳細介紹悉達多的一生，當時以爲只要跟隨祂的足跡，終有一天我也能夠覺醒。記得當年（二〇〇四年）爲了節目配樂效果，花了兩小時、特別對『聲都』周宗崑總監說明佛陀一生的故事。尤其是：「畫面的殘磚破瓦可不只是一般歷史古蹟！」我一直強調這點，並請他懷想：**一個長年住在城堡裡的王子，要如何拋棄一切榮華富貴，頭也不回地向森林走去，那是如何的悲壯？**

當時我只能描述、心嚮往之，但是「覺醒」到底是什麼？神通嗎？會發光嗎？能騰雲駕霧、預知前世與未來嗎？從此了生脫死嗎？悉達多到底在找什麼？最後，祂徹悟了什麼？

事實上，印度本來就是一個鼓勵、認同修行人的社會，許多人在完成了家庭、事業後，便進入所謂的「林棲期」，去尋找生命的眞諦。但以悉達多太子之尊，要拋棄王位、親情，顯然比

▲不丹門板上彩繪的悉達多斷髮出家圖

一般人難度高了許多；況且，他怎麼知道最後能否成功找到生命的解答呢？

他爲什麼敢摔破寶鏡，冒這麼大的險去探索寶鏡所看不到的未來？

這是自己的意願，還是命運的設計？

二十年後，我再回首來時路，豁然發現原來，我也早就踏上這趟生命冒險的旅程，只是當時不知道而已。

命運的設計逼得我不得不去冒這個險，最後才有機會體悟——一個人要歷經多大的無望，不，應該是絕望，才出得了悉達多王宮那道城門——也就是你的舒適圈！因爲城牆內是自己所熟悉、從小到大建構起來，能夠輕易掌控駕馭的世界；城牆外則是無盡的未知，何苦冒那麼大的危險？尤其城牆內如果舒適無比、固若金湯，那麼要看破它就更加困難了。無奈，命運之牆總是那麼詭譎、易碎，由不得你啊！

▲悉達多太子自摩耶夫人右脅降生之後，是在履行命運寶鏡的諭示嗎？上圖為尼泊爾加德滿都佛寺中彩繪

見證神話

「這裡有的東西，在所有地方都存在；這裡沒有的東西，任何地方都找不到。」——印度史詩《摩訶波羅多》

神話中的眞實人生

印度兩大史詩《摩訶波羅多》和《羅摩衍那》不只影響了印度社會思想，更流傳到印尼、柬埔寨、泰國、緬甸、斯里蘭卡……等亞洲各國，演繹精粹出各種建築、音樂、舞蹈、繪畫、戲劇、雕刻等藝術。日後的佛教和中國古典小說《西遊記》，幾乎都是以這兩大史詩爲原型所衍伸出來的產物。

也許我們從《摩訶婆羅多》的第六章《薄伽梵歌》開始談起會更親切些。

故事描述的是五千年前，印度皇族內部卽將發生戰爭，正義、善良的王子阿周那，面對交戰雙方都是至親好友，不知大家爲何要如此爭戰，自己該怎麼做才正確？阿周那感到非常迷惑。而他的迷惑，其實就像我們在面對人生的兩難一樣：要選擇愛情、還是麵包？要跟現實妥協、還是奔向理想？在理智與感情間我們總是難以做出無疑悔的判斷。於是，上主．克里希納就爲

▲將死亡與新生融於一身的印度聖城瓦拉納西清晨的恆河（右邊未入鏡頭處是千年火葬場）

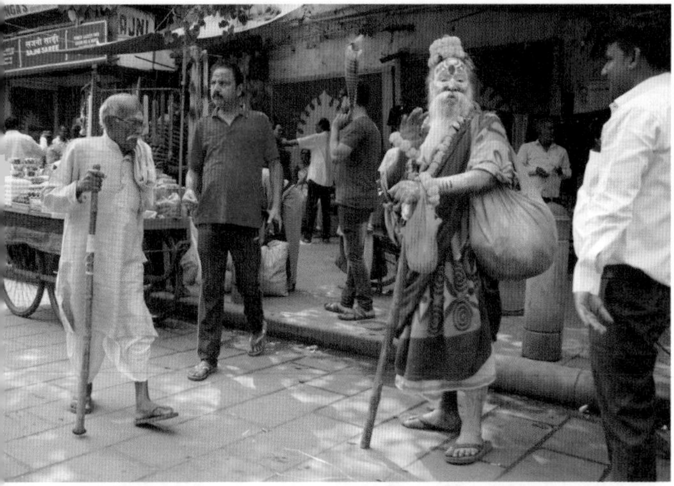

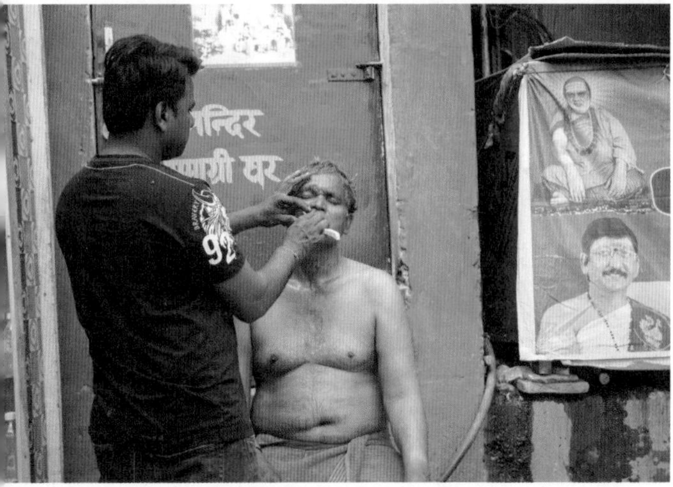

▲瓦拉納西恆河眾生相

阿周那王子講述了一番生命的原理，因此造就了偉大的精神教誨《薄伽梵歌》。

印度聖雄甘地說：「每當心有疑惑，臉上失望，在地平線看不到一絲希望的曙光時，我便翻閱《薄伽梵歌》，從中找一節詩撫慰自己。傾刻間，我便會放下憂傷的心情，臉上泛起笑容。能把《薄伽梵歌》銘記於心的人，每天都能從中找到新的喜悅和意義。」

小說家赫胥黎說《薄伽梵歌》是「永恆哲學最有系統的精神表述」。

詩人艾略特則稱讚它是「僅次於但丁《神曲》最偉大的哲學詩」。

《薄伽梵歌》不只是印度教的經典，甚至被翻譯超過五十多種語言。而這部可歌可泣的生命之書，是摘自成書於西元前三世紀至西元四世紀之間，世界上第三長史詩的《摩訶婆羅多》其中一個篇章，它相當《伊利亞特》和《奧德賽》總合的十倍。據說，如果持續不斷地唸頌，得兩個星期才能唸完。如果說閱讀《伊利亞特》及《奧德賽》能深度認識西方文化，念誦《摩訶婆羅多》則能進入東方文明的源頭。

《摩訶波羅多》實在太耀眼，千年來所有的目光都朝向它璀璨的內涵，少有人注意到這部巨著的作者是印度二十七聖之一的威亞薩（即Vyasa廣博仙人）。據說《本生經》中超過五十萬頌皆出自威亞薩之手。

關於《摩訶波羅多》故事如何寫成，有個趣味又饒富涵義的神話故事。

古印度智者習慣用口頭吟誦方式，流傳博大精深的宇宙真理與生命智慧。威亞薩想把口述的內容轉成文字流傳後世，祂找上了對面山洞修行的寫作之神甘尼夏（象頭神）。甘尼夏說祂願意接下這個工作，但祂的時間是一分一秒不得浪費的，所以從一開始口述，就不能停下來，只要一

右為面對命運抉擇的阿周那，左為幫助我們駕馭命運戰車的克里希納

偉大史詩《薄伽梵歌》中，上主．克里希納為阿周那駕戰車驅馳在俱盧戰場，我在追索回家的路時，我不知道其實上主．克里希納一直在為我駕著那輛充滿迷惑的命運馬車！

आरती में पधारे पूज्य सन्तों एवं आदरणीय अतिथियों का हार्दिक अभिनन्दन व अभिवादन

停，祂就會視爲工作結束。威亞薩也不是省油的燈，祂也開了一個條件：凡是甘尼夏所寫的東西，自己一定要先理解，口述過程中，如果碰到不了解的地方就要停下來釐清才可繼續。

兩方條件談妥之後，威亞薩便開始口述，遇到層次太繁雜很難單軌陳述，必須以更精巧的結構來傳達時，就故意把頌句說得隱晦些，甘尼夏就會說：「等等，我需要擱筆，把這一段想明白。」威亞薩就利用這時間理出一條超越性的思路繼續往下陳述。

我沒有威亞薩和甘內夏的智慧，不過，我用三十年的生命，一步一腳印地印證祂們所諭示的命運劇情繁複交織之難。

民國七十五年我十八歲左右，正值青春年少，在佛光山巧遇開山大師星雲大師，他問我輔仁大學有沒有佛學社團？因緣際會，我就在他老人家的鼓勵下，於天主教校園首開先例，舉辦了第一場佛學講座，時任輔大校長的羅光總主教還特地前來致詞。或許天生有辦活動的天賦，在那個沒有網路的年代，我一個二十出頭歲的大學生竟然用盡方法、鋪天蓋地宣傳，邀請貴賓，自己發新聞稿。當時花籃、旗海從學校大門一路排到後門，學校中只要跟我小有認識的同學幾乎全都翹課來幫忙，聽眾約兩三百人，活動算是非常成功，內心不禁沾沾自喜。

講座結束，人潮散去，幫忙佈置的同學們問我，能不能帶走會場美麗的鮮花，開心至極的我一口答應了。曲終人散，我看著空無一人的會場和散落滿地的鮮花，突然一陣慚愧，心想：我學佛這些年，除了很會辦活動，並且像學說話的鸚鵡般，將聽經聞法內容原封不動的轉述出來之外，我還學會了什麼？於是那時便暗自許願，這場佛學講座過後我便要封口，不再如鸚鵡般

◀左圖，在尼泊爾博克拉某印度廟所拍攝到的威亞薩雕像。

拍攝到這張聖像過程很神奇，從出發到印度之初，就已設定一定要拍到威亞薩，以呼應我這三十年劇情繁複的生命轉折，無奈，對我們來說冷門的印度文化中更冷門的，正是威亞薩仙人。我們在印度十多天都沒看到祂，雖看到一些盤髮修行人的雕像，也不敢確認，怕那只是某個宗派的祖師爺罷了。離開印度之後，只能寄望在尼泊爾找到祂，那是最後機會了。不料所認識的幾位尼泊爾人竟然對威亞薩完全沒概念，幫不上忙。最後我們在離開尼泊爾前，用僅剩一點時間隨便選了一處印度廟逛。其中一座印度廟裡正有一群印度婦女在祭司領導下向濕婆神獻供，我拍了幾張相片後，轉到側邊廂房拍攝排在案上的神像，背後那群人完成獻供後，有兩位印度婦女來到我身後的神像前交談，其中一位對她友伴說：「……Vyasa！」我太熟悉 Vyasa 這個詞了，心中一震，轉身指著神像跟這位印度婦女求證：「Vyasa？」她點頭，用印度語又講了很多話，我哪聽得懂，只能傻笑，或者說我只是狂喜：威亞薩知道我在找祂！

為威亞薩筆錄《摩訶波羅多》的甘尼夏

牙牙學語，除非是我親身體驗到的眞理，否則絕不輕易開口。

十五年後……

約三十歲左右我因採訪新聞，在日本東京富士山腳下與佛光山開山大師再度相遇，他問我當時的工作，我回答：「盡做一些對人類沒有意義的新聞。」他再問：「那麼，你想做什麼？」「做對人類有意義的節目。」我這麼回答。於是在他的邀約與主導下，《佛國之旅》節目誕生了。爲了製作節目，我費盡千辛萬苦，走遍千山萬水，幾乎踏遍全世界佛教國家，用盡全部的生命，博覽群經，結合史籍、文化、藝術……轉爲節目內容，當時以爲這麼做就是——體解大道，發無上心實踐達賴法王所教導——**做對人類有意義的事**。

節目播出後廣受各界好評，也因此榮獲金鐘獎的殊榮。二〇〇九年我寫《小女子闖天關》一書，爲那一段歲月留下記錄。

但很可惜，當時實在太忙碌，再加上年紀尚輕，只交代了風花雪月的外在旅行；直到現在又過了十年，碰巧遇上世紀瘟疫——新冠疫情，才有機緣以一個中年旅人的心情，將這段封塵的往事公諸於世。

爲什麼是中年旅人的心情呢？

當我攀向生命高峰時、正値青壯年，其實一般人也多數如此；只是有的人高峰時間比較長、有的人比較短，但每個人總是要下山的；即使沒有達到年輕時預期的理想高峰，到了一定的年紀——通常是三十五~四十五歲左右，你會感到體力沒有從前好，在職場上長江後浪推前浪、前浪死在沙灘上的宿命下，甚至被裁員或者健康亮紅燈、外遇、失婚……這就是來到了中年危機階段，你會覺得自己像在鬼打牆般在原地轉。

從幾位朋友傳來的一些訊息，你可以發現他們正好都在經歷中年的生命處境：

「因為疫情的影響，結束了原本忙碌的工作，以前靠工作表現、跟客人熱絡互動，很有成就感，現在都沒了。」

「長期以來靠著追逐夢想，奮力前行，在工作中形塑所有的自我認同，失去了工作，夢想徹底被毀滅，人生失去方向。」

「我的人生道路進入一段『能見度』極低、只看得到前方五公尺，但接下來會是什麼？完全看不到的狀態。當然日子依舊是繼續順著時間的流前進，但之後會是什麼呢？我的頭腦完全無法回答。」

「如果內心裡還有一點點可以期待的願景要實現，就算前方霧茫茫，我也能堅定地破霧前行吧！但新的想像總浮不出來……此刻我這艘船正在緩慢下沉，想跳船求生，卻沒有任何一艘船前來馳援，連個救生圈都沒看到……」

這就是中年會遭遇的景況，就算沒有疫情，你一樣會發生類似的感受或窘境。所以，我利用三級警戒期間，以一個「中年旅行者」的心情回顧往事，此時跟年輕時在敍述的「當年」，是完全不一樣的況味。

但是，哪裡才是生命究竟出口？生命安歇處呢？

中年，只能在迷茫中踽踽獨行，尋找向光的機會

其實《佛國之旅》節目原本的片名是要定爲《你家在哪裡？》。

我在《你家在哪裡》節目大片頭裡的開場白是：「你可以說，家，是吃喝拉撒睡的地方；我則以爲，心，在哪裡，家就在哪裡。此時此刻，我在螢光幕裡；螢光幕前的你，在哪裡？」

幾年後採訪達賴尊者，撰寫了《高山上的老頑童》一書，尊者說：「任何一個地方讓你覺得快樂，那就是你的家。」

當時，星雲大師不同意這個片名，所以作罷。不過，我從十八歲至今，從未曾放棄尋找「回家」的路。

「家」到底在哪裡？

爲了理解威亞薩所說的眞理，即使手中握有神筆的甘尼夏都得要停下來消化、思索一番，才能繼續往下寫。據說，甘尼夏日夜不停地寫到最後把筆都寫壞了，情急之下便折斷自己右邊的牙當作筆，再繼續寫，所以象頭神只有一支牙。

是自己十八歲的誓願？還是宇宙的巧妙安排？因爲顚沛流離的命運，我從二〇一〇年停筆至今已逾十年。古人說十年磨一劍，這是用線性來看時間；但從宇宙進程來看，十年倏忽一瞬。

聖嚴法師說：「誦經千百回，不如親自走一回 。」走遍千山萬水，看盡沿途風光；就是看不懂自己這部生命的風光，不認識「我」是誰。我沒有甘尼夏折斷長牙的激情，卻對找到生命可依止的「家」始終不屈不撓。

天地惠我，引領我從充滿疑惑的四十，紮「實」邁向知天命的五十。

眞理，從來就不是一個抽象的理論或假設；祂，只能是「經驗」，而且每個人都得用自己的方式去印證。我感恩旅途中遇到的所有「眞」與「假」的導師，假導師幫助我破除對表象的執著——剃頭穿袈裟並不一定眞修行，莊嚴的殿堂不一定有佛法；只有眞導師才能引領我一步一步靠近「祂」，最終與「祂」合一。

祂，不是男人、不是女人；不是理性、也不是感性；祂，無自性、無眼耳鼻舌身意……。這一切的一切，都將在你清空「自我」這個盛滿水的杯子後，自然發生。而最佳的切入時機，其實就是正在遭逢中年危機的此刻。

▲高中時，星雲大師第一次到家中「佛光普照」

▲從 15 歲起與星雲大師結緣近四十載的歲月

▲大學時，在那個保守的年代，於天主教輔仁大學舉辦星雲大師佛學講座，時任校長的羅光總主教特別蒞臨致詞

為了尋找“家”的迢迢長路

▲ 2004 年第一次搭乘德里庶民交通工具嘟嘟車

▲佛陀講述阿彌陀經的印度舍衛城祇園精舍錄影

▲ 2008 年尼泊爾海拔四千公尺深山餐風露宿採訪

▲ 2003 年冬赴韓國江華島採訪

▲印度達蘭莎拉採訪西藏知名歌手葛莎雀吉

▲ 2004 年印度瓦拉那西採訪首陀羅種姓家庭

▲印度鹿野苑達美克塔前錄影

降生一位佛陀有多難？

緣起

一九九八年甫從紐約回台，原本台灣電視只有老三台，我回國後躬逢盛會，有線電視如雨後春筍，如願進入電視台擔任記者。當年剛開播的電視台，爲了衝高收視率，無不想盡辦法色羶腥，社會新聞尤其是重頭戲所在，我們被要求報導新聞都要下猛藥。那時SNG剛時興，同事被派去做一個跳樓自殺的連線報導，最後結局是當事人被勸下救回一命。他回報主管這個結果，主管雙手一攤說：「眞是可惜！」

還有一次，一家連鎖減肥中心出了人命，我才剛到現場便接到業務部來電「關切」，回採訪中心發新聞時，主管輕拍我的肩，嚴厲地告訴我那一則不用做了，因爲每年該公司在電視台下幾千萬的廣告預算，得罪不起啊。

更不用提各家媒體背後的政治光譜、政商關係，在這情況下怎麼可能有中立的報導呢？那是新聞媒體一千零一夜的故事，而我描述的甚且只是二〇〇〇年左右的光景；如今，發展到現在只有更加荒腔走板，這都是許多不得不、角力、妥協下的必然結果啊。

顯然這不是我進入媒體的初衷，於是我每天都祈禱——請讓我做對人類有意義的報導吧，不要再做這些助紂爲虐的事了。默默祈禱了幾年後，有一次去日本採訪電玩新聞，現場熱鬧無比，但我卻覺得吵雜受不了。任務完成後，東京陳逸民師兄驅車載我到富士山腳下寺院透氣散心，沒想到竟然巧遇正在這裡的佛光山開山宗長星雲大師。

因爲十三歲時，父親驟逝，需辦理佛事，因緣際會認識了大師。將近四十年間，我剛好參與、見證了佛光山從無到有，從開山之初只有零星幾間分別院，到遍布世界五大洲的大型佛教叢林道場。高中時還經常坐在開山大師身邊，看他一封一封地拆信、讀信，那是來自四面八方如雪片般都想捐地、送道場給佛光山的佳音；在那個相對保守，出家人仍被視爲「頭腦有問題」、「感情出狀況」才會剃度的年代，佛光山諸多分別院新穎的外觀、企業化經營，的確令外界耳目一新，也吸引了許多青年投入弘法行列。

▼ 13 歲喪父痛苦下，歷經 30 多年的追尋，感恩前行聖哲留給我們一條解脫的道路，再次走入恆河火葬場，我心靜如止水

隨後我因大學聯考失利，也算是人生第一次遇到重挫，而有機緣隨當時呼聲極高的接班人——慧明法師，參加他在各大專院校的佛學講座，累積許多佛學知識，再加上很會背書，回到學校幾乎天天都跟同學分享聽經聞法的內容，簡直像個傳教士。某天甚至用剃光頭做賭注，跟一位男同學打賭，忘了當時是爲了什麼主題，只記得賭注是：如果我輸了、我剃頭，如果他輸了、他剃頭。本來就要勾手打賭了，他竟臨陣脫逃，因爲他認爲我是「敢」去剃頭的，而他一點也不想剃光頭。當時學佛的熱衷程度可見一般。

十年後，在東京再度與開山宗長相逢時，我已經是一名電視記者了。

宗長問我：「小姐，現在忙些什麼？」

「做對人類沒有意義的新聞！」我答。

「那你想做什麼？」他問

「我想做對人類有意義的節目。」我說。

▼人們在瓦拉納西恆河西岸生活、營生、修行……，然後望向晨曦光明升起的東岸；往生者朝東方火化，新生兒朝向日升的東方剃除頭髮，從生到死都在恆河，並且注目東方，禮敬光明

於是，大師勾勒了他放在心中多年的計劃——拍攝『佛國之旅』節目，他希望人人在家中看電視就能學佛。我當時還半開玩笑地回應他：「師父，您好fashion（時尚）喔！」我們兩人從七點的早餐談到午餐，我以爲我們只是聊聊理想，沒想到席間他突然說：「我想請你擔任這個節目的製作人，你願意嗎？」我當場只感到頭冒金星天地都在旋轉。天啊！我祈禱多年的願望竟然實現了，我眞的可以開始「做對人類有意義」的節目了。

我一點也沒猶豫，回台後就準備離開電視台，並且邀請幾位夥伴是否願意一同去開疆闢土，沒想到他們雖天天抱怨長官、工作環境，但面臨選擇時，還是寧可留在電視台，因爲那是比較「安全」的選擇。而我竟然毫不遲疑地朝理想奔去，殊不知那一次的抉擇，就像唐朝公主離開中原前往吐蕃那般，展開未知的旅程，更不可能預知寶鏡最後將被摔碎成「日月山」。

入叢林道場，才看破紅塵

行筆至此，距離當年的選擇已經將近二十年後。有一回，我回老東家，遇見多位仍在崗位上的老同事，相當佩服他們的堅持與毅力。沒料到幾位同事反而有感而發地說：「我當年就是太不夠勇敢了！」他們感嘆自己在二十啷噹歲就進電視台，沒想到一晃二十年過去，而我已經走遍千山萬水。

「擁抱理想，其實非常痛苦！」我演講時最常對聽衆這麼說。外界看到的，都只是別人成功的光環，只有當事人自己走過，才知道這一路的艱辛，眞是如人飲水冷暖自知。雖然很興奮終於能「做對人類有意義」的節目，卻絲毫沒意識到身心煎熬的日子也將跟著登場，尤其對一個心中只有理想，毫無「政治敏感度」的年輕人來說，所要經歷的考驗完全不是他能預料的。

二〇〇三年，大師要求我先做一支樣片待他審核通過，將來就要做一百集，版權雙方各半。當時，初出茅廬只有滿腔熱情，一心想做優質節目，一點都不在乎版權、預算、法務……等實務，更看不懂一座龐大的山頭內部是如何在運作，不知道自己正進入一座眞正的「叢林」。

話說我按照大師的交代去某個單位請款、製作樣片，我卻屢吃閉門羹。延宕許久後，該單位主管（出家法師）好不容易提出條件——我必須跟她簽約、才能請款。就在我準備好合約將前往該單位時，突然接到要即刻與大師開會的電話。會中他很嚴肅地對我說：「現在開始你要在本山工作，要嚴守工作規則。雖然一百萬對妳來說可能不是一筆大錢，但妳也不應該出爾反爾、要拿不拿！」我大吃一驚趕忙拿出被要求開立的合約，說明整件事的原委，大師當場臉色大變，要求秘書去電、親自斥責該主管一番，大意是她不應該刁難我請款，就算要簽約也是由宗長出面，怎麼會是跟她簽約？眞相大白，差點被誤解是耍大牌，還好有一紙預備的合約作爲佐證，才化解莫名所以的障礙順利請到款、開始製作樣片。不過，你應該也猜得到，在職場上遇到類似的狀況，往後的日子會是如何了。

當時滿懷理想、鬥志高昂，自然是想不到後果的。某天，陪家人去占卜，原本覺得自己鴻運當頭無須多問，但家人鼓勵我：「都已經來了，就問一下吧。」

我勉強問了一下：「『佛國之旅』運勢如何？」

▲佛國之旅節目開播記者會，星雲大師與 TVBS、東森、人間衛視總監聯合簽名

▲大師非常重視佛國之旅節目，親自上場帶著攝影團隊走遍全山，詳細解說佛光山的各大勝境打造緣起

中國時報 Weekend 生活 輕鬆 E6

中華民國九十五年四月一日／星期六

對人類有意義的事 選擇做

有意思的人物　文／盧美杏　圖片提供／廖文瑜

小女子廖文瑜佛國大夢去來

她曾問活佛：「當人生面臨抉擇時，該怎麼辦？」
活佛想了一分鐘後，回答她：「思考對人類有意義的事。」
從此，這句話不時跳出來提醒著她。
也因為這句話，三年前，她大膽啓程去拍攝「佛國之旅」紀錄片，
迎向種種不可思議的艱苦，甚至是靈異遭遇……

「佛國之旅」今天首播

「佛國之旅」節目係佛光山星雲大師監製，由廖文瑜擔任製作人，節目足跡遍踏印度、蒙古、泰國、尼泊爾、斯里蘭卡等，節目分四個單元。

第一單元記錄世界各國熱鬧的人文色彩節慶；第二單元介紹各國歷史地理及部落族群文化；第三單元尋找當地具人文色彩的藝術家，介紹雕刻、唐卡、銀器、石雕等藝術作品的製作過程；第四單元則深入介紹佛教在各國的興起與衰敗，以及目前遺留的世界文化遺產等。

難能可貴的是，外景隊於二○○四年前往斯里蘭卡完整記錄錫蘭佛教及文化歷史，之後斯里蘭卡、南印度GOA等地歷經南亞海嘯，不少珍貴佛像寺院遭受破壞殆盡，「佛國之旅」極可能是最後捕捉到這些完整佛像寺院影像的節目。

慶祝佛光山開山四十周年，由佛光山贊助拍攝完成的「佛國之旅」節目，將於四月一日開播，播出時間：東森綜合台首播 4/1 周六 20:00-21:00；TVBS台首播 4/2 周日 20:00-21:00；人間衛視首播 4/7 周五 20:00-21:00。

和全世界交朋友

東森TVBS八點聯播佛國之旅

今晚與明晚，東森綜合台與TVBS將破天荒地在週末祭出「佛國之旅」人文紀錄片，與其他各台的八點檔綜藝節目對打，真是在電視圈的綜藝聲浪中注入一股罕見的人文清流！

「佛國之旅」製作人廖文瑜表示，在尋求播出頻道時，碰了很多軟釘子，大家都說：「片子很好，但收視率的考慮很現實。」由於東森老闆娘蔡咪咪（上圖右二）是位佛弟子，看了DEMO帶和第1集之後，發願為該紀錄片護法，決定將該節目播出時間選在八點檔黃金時段，與各台的綜藝節目對打！

TVBS高層看了「佛國之旅」帶子後，也同樣覺得不錯，同樣祭出週日綜藝節目的八點檔時段。一口氣在多方助緣中，得以讓該節目在兩大頻道的黃金八點檔播出，廖文瑜直呼：「佛啊，這真是太神奇了！」

（文／魏絃鈴　圖／簡榮豐）

▲感恩星雲大師成就我實踐達賴法王所教導的「做對人類有意義的事」

結果占卜老師說：「你這個節目要被奪走了！」

怎麼可能？當時我正意氣風發，根本沒把這話當一回事。血氣方剛的年輕人是最有本事一鼓作氣、爲理想奮鬥到底的，我才剛要出征，前途一片大好，怎麼可能被奪走？

直到二〇〇六年入圍金鐘獎後，各種流言蜚語開始流傳，最難聽的是——我騙了這個山頭好幾千萬。

當年該節目在東森與TVBS同時播出，佛光山買下節目時段與廣告，所以要準備節目播出帶和廣告帶，我負責製作，廣告帶由另一單位主管（出家法師）負責。在我製作節目的上半場，也就是尚未入圍金鐘獎前，與這位主管合作相當愉快；沒想到入圍金鐘獎後，她的態度一百八十度轉變，甚至在廣告帶的數量上動手腳，害得電視台因爲開天窗急跳腳。

歷經四年翻山越嶺採訪拍攝，終於咬牙完成第一階段五十二集，我再被召回與大師開會。大師很開心的說：「節目現在情況大好，我們要趁勝追擊，繼續下一階段五十二集。」

我當時身心俱疲，很無奈地告訴他，在製作節目尾聲所遭受的種種惡意對待及流言蜚語：「未來很難繼續了，因爲以前我只需要對您一人負責；現在，多位法師處處找我麻煩，我無法保證接下來能否把節目做好。」我無奈地陳述實情。

大師聽畢，平靜地說：「你說的那些人、那些事，我都沒聽過。我給你三天時間考慮，屆時請秘書打電話給你，再告訴我最後決定。」

我從十幾歲就跟這個山頭一起成長，見證老一輩的法師們如何胼手胝足開疆闢土、認眞辦道的輝煌歲月。往事已矣，我也算頗了解這個山頭的企業文化；與大師開會的最後一夜，至今仍清楚記得我回答他的最後一句話：「師父，您累了，早點休息吧！」你們猜三天後我是否有接到詢問電話呢？

事後，許多同業直接、間接證實，那位在廣告帶數量上動手腳的師父正放風聲招兵買馬，大張旗鼓準備要進行下一階段的『佛國之旅』節目製作……。

台上三分鐘，台下十年功，該節目當年不負眾望榮獲金鐘獎，老實說是拿命換來的，不但身體要承受極端氣候、快速在高低海拔的山間移動折騰，於前線打仗的同時，還要心驚膽戰地面對後方險惡的江湖，而且這個江湖還不是沒有光環罩著的一般營利事業，對當時只是一個涉世未深、一心想把節目做好的年輕人實在是難以承受的重。

如今回首，娑婆世間本來就是苦樂參半，千里馬也要遇到伯樂，感恩星雲大師當年給我這個血氣方剛的年輕朋友初試啼聲的機會，使我能夠在現實社會「完成自我」。也怪自己太年輕氣盛、不懂得謙卑低下、收斂光芒，如今回想，遭忌遇害也是剛好而已。只是，占卜老師當年那一卦，還眞是一語成讖啊！

人生其實是一連串的選擇。當年，如果我選擇「趁勝追擊」，絕對有飛黃騰達的未來，也不可能發生與開山宗長那一段「不太愉快」的對話，若能如老人家所言，繼續趁勝追擊，應該比較符合「政治正確」。但是，我選擇——不要繼續留在隨時要與人鬥爭的江湖，回頭好好照顧疲憊不堪的身心、好好生活。從現實層面來看，把名利推到門外，眞是一個不聰明的選擇。如今，已屆中年，再回首往事，我卻非常感恩當年的決定，否則不就得一直活在『人在江湖、身不由己』的輪迴夢魘中嗎？

但，話又說回來，你覺得自己眞有正確選擇的權力嗎？

感性和理性、愛情與麵包，選哪一邊才是對的呢？其實，一個人的業力，決定了一個人的眼界。**業力是一股不斷累積的推動力，每個人內在脈輪**（即人的精微能量體）**所呈現出來的品質就是業力**。在尚未清醒前（講「覺醒」更貼切），所有人都只是被原來的業力（宿命的脈輪能量）推動，做出各種選擇。而人人手中也都握有金城公主的那一面寶鏡；差別在於，當你面臨選擇時，是優先聆聽自己內在的渴望？還是依據寶鏡提供的「批命書」以務實、安全爲第一優先考量？

趨向渴望的人是感性優先，趨向務實的人是理性優先，然而這兩個力量足以達成眞正自由意志的選擇嗎？

而且，什麼才是眞正的「內在渴望」呢？

正因爲面對這一切時人們不知道、也無法清醒地看清楚該怎麼辦，所以才需要覺醒的「佛」來引導吧！在還沒遇到佛之前，也許此刻就需要混進一點「不可思議」的元素，好讓平凡的日子得以起死回生。

不可思議的印度

看過印度旅遊的廣告嗎？

Incredible India 不可思議的印度！

用這個形容詞來表現印度眞是太貼切了。大家笑印度荒誕，但這片土地幾千年來誕生了多少

想讓平凡的日子起死回生，總會讓人想到不可思議的印度——也許舊德里無章法
纏繞的電線、人車混亂……，可以幫助你找回難以想像的秩序

聖人哲士？人們戲稱印度阿三，但是它數理ＩＴ產業卻是世界第一。

我曾經搭上一班延遲二十四小時的火車，一堆人拿著車票搶同一個座位，因爲已經說不清這輛火車是哪個車次，手中那張票到底歸哪班車？已經沒有意義了。也曾爲了申請攝影許可，天天去考古局坐冷板凳，承辦人的同事每天都回我：他「明天」會來上班。結果幾天下來，那號人物從未出現。孟買的高速公路根本是個大停車場，上去之後便動彈不得，趕搭飛機嗎，下一班吧！

有趣的是，記憶中很少看到印度人爲此生氣、抱怨，他們依然談笑風生；氣呼呼的是我們這些不停「趕路」的觀光客。所以如果自己不調整心態，這一路在印度的各種突發狀況，恐怕只會把人給活活氣死。

所謂不可思議，就是超出頭腦的理解。有人說印度是人類文明的肚臍，用頭腦去理解肚臍在想什麼，用理性邏輯去觀看超出理性邏輯的心靈世界，必然要擦撞出種種不可思議。

當我們戴著文明的眼鏡去到印度，所有「可思議的」都不再行得通，隨時要被印度的精神境界棒喝一下，有些人直到離開印度，才覺得總算可以回到舒適的家——回到那井井有條，自己可以重新繃緊神經奮力向前衝的幸福舒適。

這世界要降生一位佛陀有多難？

而我，要前往佛陀的出生地，竟然也跟一位佛陀要降生的難度不相上下！

◀印度藍城(Jodhpur)六世紀皇朝都城遺址 Mandore Garden 紅褐色砂岩建築，繁華落盡見真淳。當年悉達多的華麗皇宮是否也如這等規模，皇宮雖已灰飛煙滅，但佛陀散發的覺醒光芒，卻依然鼓舞著千萬佛子

年輕時，我不甚淸楚自己其實是一個實事求是的行動派。直到走過了大半人生，認眞探索生命本質後，才知道幾十年來，我讀萬卷書、行萬里路，就是爲了用生命印證佛陀所言是眞實還是虛幻。

經典說釋迦牟尼佛誕生時，一手指天、一手指地說：「天上天下，唯我獨尊。」但經典的權威諭示仍然不足以平息我浮動的心思。這世界上是否眞有佛陀其人？祂又是怎麼樣的一個人？出生在什麼樣的地方？我必須到這個故事的源頭去找答案。

二〇〇五年，冬霧瀰漫中，佛國之旅攝影團隊來到了印度。但紀念佛陀的八大聖地中，唯一不在印度境內，還需進出邊境海關的，便是佛陀誕生地——藍毘尼園。

從祇園精舍到藍毘尼園這段路程，我無暇求證它的空間距離是幾公里，但二十年前，開車需要十多小時，你可以想像一下這樣的車程遠近。

當時印度導遊曾說，濃霧期間前往藍毘尼園很危險，建議我們別去。但千辛萬苦來到印度，怎能輕易放棄？不過事實證明，天候不佳的危險性，超乎我們台灣經驗所能想像。當時我們連租車都困難重重，張羅了半天，終於找到一個司機願意前往。

正當鬆了一口氣，一行人帶著大堆攝影器材，準備上車，霎時這輛吉普車內外、車頂都已經擠滿了印度人，理由是「他們也要順路到哪裡去」。

我的天啊！當下跟司機抗議，光是談判，把閒雜人等趕下車，幾個小時又過去了。眼看著大霧瀰漫、時間又一分一秒流逝，還得跟這群印度人周旋，內心又急又氣。但有什麼用呢？印度人向來不急，在我旅行世界的經驗中，深深領教到全世界民族中時間最多的應該就是印度了，難怪佛經每每講起的時間都是幾劫、幾劫以前（一千六百八十萬年，稱為一小劫），印度人多的是時間跟大家耗，而且他們一點也不著急不生氣，唉，對我這個來自台灣焦急的影片製作人而言，這是踏向藍毘尼園征途前另一個時間荒謬。

好不容易把閒雜人等都請下車，我們終於能上路。從祇園精舍出發到藍毘尼園，一路崎嶇顛簸，頭被震得不斷撞上車頂，大霧讓人伸手不見五指，無法想像司機怎能在眼前一片霧茫茫的情況下開車。因為霧濃得根本看不到對向來車，沿路只不斷聽見刺耳的汽車喇叭聲，彼此互相警告：「我來了，讓開，讓開！」突然一部車就呼嘯而過，像是憑空冒出來一般。

我們沒有時間休息，中途也沒有休息的地方，正昏頭轉向之際，車子被攔了下來，幾個配槍的警察上車臨檢，我們是在什麼樣的國境，竟然隨時都有可能被臨檢？這附近很危險嗎？還是他們是不良的警察，想勒索過路費？司機下車一陣交涉，聽不懂印度語，只能忐忑地在一旁靜待；再一次讚歎：「他們真的時間很多！」這一交涉一小時又過去了，司機回座時重重地關上車門，問他發生什麼事，他只是左右搖頭算是回應了。

好景不常，才順利地走了一段長途，突然路中間橫著一棵大樹擋住我們的去路，一群人圍著樹議論紛紛，那棵樹齡該有百年吧，樹幹又粗又大，為什麼有這麼古老的大樹橫在路中央呢？不可思議！所有的車全熄火下車查看，順道加入「會議」中，我們不明就理等了個把鐘頭，眼看著時間滴答滴答流逝，我們離目的地還很遙遠，心中焦急萬分。我問：「能不能繞路呢？」得到的回答想必你也猜得到：「只有這一條路能到達。」天啊！我們到底什麼時候才能有「出路」呢？左等右等終於謎底揭曉，原來這是當地鄉民用來賺「過路費」的伎倆；此路由我開，不付錢誰都別想過。不知過了多久，大家終於決議付錢了事，接著一大群人像拔河一般一起喊著一二三……終於移開了大樹，打通了馬路。

這好像一條最難通過的產道

這一路已經夠辛苦了，沒想到抵達印度、尼泊爾邊境最大的挑戰才要登場。

去過印度、尼泊爾的人都知道，二、三十年前，在這些國家進出海關，所要面對的繁瑣困難手續，會直接挑戰你心理耐受力的極限，它直要你打退堂鼓方才罷休。

當時我們過海關檢查護照時，七個人之中有五位持多次進出的印度簽證，有兩位是持單次簽證。也就是說，持單次簽證者如果被尼泊爾海關蓋了章，就無法再回到印度了！經驗豐富的領隊說，尼泊爾邊境海關不見得會下車檢查，我們或許有機會闖關成功。我們只是短暫入境位在尼泊爾的藍毘尼園，接著還要再回到印度繼續未完成的聖地拍攝。人都來到這兒了，我們只能相信、並祈禱領隊的過往經驗在這一次也能如常。

抵達關口，領隊帶著五本護照進去辦理，沒想到海關那天心血來潮，從辦公室走了出來，要一一對護照和照片，他往車內探頭一數，發現怎麼少了兩本護照？這下麻煩了，「一群台灣來的攝影團隊企圖『闖關』！」的消息就在邊境流傳開來。眼看著進不了關，只好退到附近旅館另謀對策，但這消息已經傳出去，多家當地媒體已經在旅館門口準備採訪我們了。採訪佛陀出生地藍毘尼園的採訪團隊變成「被採訪」的對象，而且標題肯定是「企圖闖關」，我可不想因

人們早已遺忘最初自己是如何奮力才能從母親的產道鑽出來抵達地球？
能像這嬰兒被印度奶奶撫摸按摩是多幸福的誕生！

爲這事而成爲國際焦點。一邊把領隊臭罵一頓，一邊念經祈禱，希望能急中生智化解危機。

千辛萬苦抵達邊界，如果被逼得打道回府，不是太冤枉了？就在進退不得之際，不知怎的出現一位包頭巾先生（錫克教徒），我們起先以爲他是外頭媒體派來臥底，幾經溝通才知道他是當地旅行社，我們求他幫忙想辦法解決眼前的困境。譬如，用別的觀光客當人頭、重拍照片做新護照……，想得到的都是餿主意，行不通，海關和媒體都盯上我們了，我們連換身分的機會都沒有。看著錫克教大鬍子導遊打了幾通電話，來回跑了幾趟，我只能一旁乾著急、不斷祈禱……個把鐘頭過後，終於出現轉機。他透過層層關係打點，我們當然也付出不小「代價」，最後附帶條件，限制我們只能進去尼泊爾八小時，太陽下山前必須回來，否則沒人敢擔保我們能再進得了海關。

折騰老半天，我們終於來到位於尼泊爾境內的藍毘尼園，也離開了吵雜混亂的印度。迎接我們的是一群天眞可愛的小朋友，他們雙手合十、從容對著攝影機唱著屬於台灣口音的「南無阿彌陀佛……」，這麼專業的演出，原來是來索討小費的。

藍毗尼曾經一度毀於戰亂，所幸西元前三世紀孔雀王朝的阿育王在此立了石柱，後人才能據以確認這裡是佛陀的出生地；之後又借助中國的法顯及玄奘對此地描述，才使後人得以經過一次又一次的考察比對，讓它重新在時光的洪流中浮現上來。過去，西方人一直認爲佛陀不過是神話人物，直到西元一八九六年，考古學家意外地從藍毗尼挖掘出一根傾倒的石柱，上面刻著「阿育王登基二十年到此朝拜並立柱爲記」，這才確認這裡是釋迦牟尼的誕生地。

比不上耶路撒冷，更難與麥加相提並論，藍毗尼，這個佛陀的誕生地，自從佛陀涅槃、孔雀王朝消失後，便冷冷清清被世人遺忘；爾後隨著動盪的印度，差點捲入戰亂烽火，直到阿育王石柱的發掘，才又受到世人的關注。一九五六年，尼泊爾國王增修了藍毗尼的基礎建設，修建僧舍、旅館，並連結鄰近城市的道路環境。聯合國也於一九七〇年成立「藍毗尼開發國際委員會」積極投入修復與挖掘工作，目前已挖掘出摩耶夫人廟、誕生石雕、標誌之石等重要遺址。如今有佛教信仰的亞洲各國，幾乎在藍毗尼園都佔有一席之地，大家用自己的文化風格建寺立柱，藍毗尼園宛如佛教聯合國。

我們依約在太陽下山前離開藍毗尼園趕回印度海關，然後找個邊境旅館準備好好大吃一頓、釋放緊繃的神經。旅館的菜單洋洋灑灑，應該有五十種以上的菜色，雞、鴨、魚、肉、點心、飲品應有盡有，我們大夥兒開開心心點了一堆，然後各自先回房休息。掀開又髒又破的被單，一股腐朽味迎面撲來，不得不央求服務生幫大家換床單，前後換了三次，狀況一模一樣，最後只好放棄——印度人眞的能打敗地球上任何民族——今晚且將就著睡吧。可是，左等右等怎麼晚餐都沒消沒息，廚房也沒有人，約莫兩個小時後，我看見兩個年輕的尼瓦爾小弟弟雙手提著大袋小袋進廚房。天啊！原來菜單只是參考用，這裡的餐廳是等客人點完菜，才出去採買。這還得了，透過門縫看著兩個黝黑嬌小的身影在廚房盡心盡力、慢慢地洗菜、切菜、還要一邊在灶邊吹氣助燃……直到晚上約十點，「晚餐」終於做好了，筋疲力盡的我們，看著滿桌的菜餚卻已經累到完全吃不下了。

不丹寺院大殿入口處總會彩繪閻羅控制下的六道輪迴，以警醒眾人

生命流轉

佛經寫：「人身難得，佛法難聞。」意思是能夠擁有肉身、聽聞正法是難能可爲的事。而我以爲，前去佛陀誕生地藍毘尼園的艱辛，就像投胎爲人一樣的不容易。我們到底在經過多少物種演化？六道輪迴多少次？才有幸生而爲人呢？

你可曾想過：最初，那個還未被生出前的靈魂，爲什麼要進入某位女性的身體，歷經十個月的渾沌，然後費力擠破頭，穿越黑暗的產道，來到地球？

每個新生的嬰孩就像素樸的胚布，隨年紀增長，胚布漸漸染上各式青紅皂白，經驗生命旅途的各種酸甜苦辣，漸漸地我們在貪嗔癡的旅程中迷了路。就像《I've Never Been to Me》這首英文老歌的歌詞所說：「I've been to paradise, but I've never been to me.」（我曾經到過天堂，但我從未做過真正的自己。）

什麼是「眞正的自己」？

生命只能不斷輪迴嗎？

我們就只是來經歷一場生老病死嗎？

哪個父母不希望孩子這一生平安順利、飛黃騰達呢？可惜，劇本似乎不是照著我們的願望在走，求學、工作、結婚、生子、生病、老死……在每個階段看似都是自己的選擇，但是，仔細回想，你眞有能力選擇嗎？

這個問題的解答，恐怕要等到中年以後——而且還得你願意回頭，才有機會看到一點蛛絲馬跡。

正在閱讀本書的你，如果剛好是三十五歲以上，請你想想：

你滿意現在的關係或婚姻嗎？

你想轉換工作嗎？

你的體力和年輕時期有落差嗎？

生命走到今天，你有什麼遺憾嗎？

以上那些問題都是一種能量狀態，它會在你內心蠢動，甚至會在你的言行中洩漏出來，在它的能量驅動下，有些人會開始尋找答案。

所有找尋心靈寄託、追求信仰的人必定很想要走上朝聖之旅，去看看耶路薩冷、麥加、聖雅各、岡底斯山、馬丘比丘、雪士達……。有多少朝聖者前仆後繼地朝向「祂」？

我就花了近三十年走進各大聖地和聖山。

記得二〇〇二年還是記者時，在印度採訪時錄了這一段：「一生中如能走一趟八大聖地，便能不墮三惡道。」印象中，新聞專題播出後，還遇到一些道友跟我分享，他們當初便是因爲這句話而去印度朝聖。

然而，在印度旅行，幾乎每天都要跟「無常」照會，打結的交通、骯髒的環境、多如蒼蠅的乞丐、下個冰雹就要死好多人……種種突發狀況，總是讓人不由得問：「爲什麼要費盡千辛萬苦、千里迢迢去朝聖呢？內心眞正的嚮往追求又是什麼呢？」

如果藍毘尼園象徵著一個覺醒者的誕生，那麼平凡如你我，可有覺醒的一天？或者說，總該

悉達多太子誕生時，祂行走七步，足下都生蓮花，祂一手指天、一手指地，宣說：天上天下，唯我獨尊！

有這一天吧？如果「成佛」只是遙不可及的嚮往，那信仰的意義又是什麼呢？

那些走上朝聖之旅的人，包括我自己，我們不會將充滿酸甜苦辣的旅程誤以爲是天堂，我們看懂人世間有太多的不足與無奈。所以我不只渴望超越情感上的苦痛與煎熬，想丟棄誤認的天堂；我更貪心，我想知道——生從何處來，死往何處去？哪一個才是眞正的自己——那個一歇永歇，唯有喜樂，沒有苦惱迷惑的自己？

千年來無數人前仆後繼找尋「天上天下，唯我獨尊」的那個「我」，究竟是誰？

究竟是誰在找誰？

▲當年讓我們吃盡苦頭的印度、尼泊爾邊境

▲眼前這片貧瘠的土地上，生活的日常仍在進行，誰還在乎兩千多年前的那次神聖誕生

▲多虧阿育王石柱，藍毘尼的名聲才得以重光

▲ 2005 年佛陀誕生地藍毘尼園的景況

與達賴喇嘛的三世因緣

與法王初次相遇，卻像久別重逢

一九九八年我在美國紐約巧遇達賴喇嘛弘法，當時對藏傳佛教一無所知，也不清楚達賴喇嘛是世界級上師，因緣際會參與了三天的弘法講座，也開啟了日後我與藏傳佛法的不解之緣。法會第一天達賴喇嘛說的第一句話不是佛言佛語，而是非常白話的「人生以快樂為目的」。這句話說來簡單，但要活出它的意義來，恐怕要花一輩子去參吧！因此我對台上這麼一位出格的修行者充滿好奇與想像。接著他循序漸進說明三皈依、四聖諦、菩提心、空正見的次第，傳授修習之道，並以他個人的修行體驗加以解釋。經典上的知識和道理，在他身上得到印證，苦樂、空性……等，隨著清晰的引導，我的心似乎也進入了菩提道修行的底蘊，自我在某瞬間消失了……，忘了隔壁坐的是誰，也忘了自己是誰，而我過去所學的佛法，突然也在頃刻間通透了。

達賴喇嘛說：

宗喀巴大師說：願傷害我的一切敵人都能成為我最有恩惠的慈母。

我相信若能咬緊牙根反覆串習，必能在內心上有所收穫。相信解脫一定有，涅槃不是假的。

▲ 2008 年製作西藏流亡五十年紀錄片 – 高山上的老頑童，恭請法王簽名祝福大眾

我從十五、十六歲即開始學習《廣論》，二十九、三十歲專攻空性，三十五、三十六歲才觀想菩提心。我不承認自己是菩薩，不承認已經證得空性。懂，不一定內心有改變，懂之後還要思維，還要再修習。要相信修習會改變內心，不然會為外境所轉；直到外境改變，內心不必蓄意修習，才算小有進步。

出離心是小乘，菩提心升起、堅固，才是大乘資糧道，之後還有長遠的路要走。不要被密乘的「即身成佛」所騙。

思維：太過愛自己，對自己有什麼好處？太過捨棄他人，到底對自己有什麼好處？

長久以來，我們真正皈依的是無明、愛我執，如果能承辦的話，我們早已成佛，但我們為何還是凡夫？無始以來，我們聽任無明、愛我執的使喚（註：法王啜泣淚下），如果我們皈依空正見、愛他心，我相信最後會得安樂，因為證悟上師已示教給我們看。

如果能成辦的話，我們早已成佛；無始以來我們聽無明、愛我執的使喚……。

這時，麥克風突然斷訊，我抬頭看見達賴喇嘛正掩面哭泣，他在找衛生紙，一度還拍打到掛在胸前的麥克風，現場先是一陣錯愕，隨即一片靜默。

隨法王教示，我也想著自己過往的生命經驗，不也是一直聽任無明、我執……的驅使，不也是一直叛逆、任性、好勝、衝突……嗎？於是我也跟著哭泣、隨著懺悔、感念佛恩、感念父母恩。大家都沉浸在尊者深邃廣大的慈悲法海中。

灌頂結束開放現場提問，我因受到啟發和全然的懾服，想都沒想，自動舉手發問：「當人生面臨抉擇時，該怎麼辦？」翻譯問我是哪一類抉擇？正當我思索著：生命是一團錯綜複雜、相互纏繞的迷網時，達賴喇嘛似乎明白了我的問題，回答：「思考對人類有意義的事。」從此，這句話成爲我往後面臨人生抉擇時的智慧金鑰。並且當場發願——有一天，我一定要採訪這位充滿智慧的上師。

一九九九年我甫從紐約回台，一部名爲《喜馬拉雅》的電影剛上演，藍黑色調的電影海報，皎潔的明月透著藏人牽著犛牛的剪影。當時藏傳佛教尚未在台灣風行，我對喜馬拉雅山更是一無所知，但海報的意境卻格外吸引我。故事描述在尼泊爾深山一處村莊的人，爲了爭奪運鹽的主導權、歷經高山暴風雪、人性鬥爭，在驚險萬分的旅途中化敵爲友。影片最後一幕是一位喇嘛在寺院的牆壁上專注地畫下這一段啟迪人心的故事。

雪白的聖山、藏式風情、喇嘛、犛牛……在當年的時空條件下，這些影像和故事對一個年輕女孩來說，都只可能存在於電影世界而已。

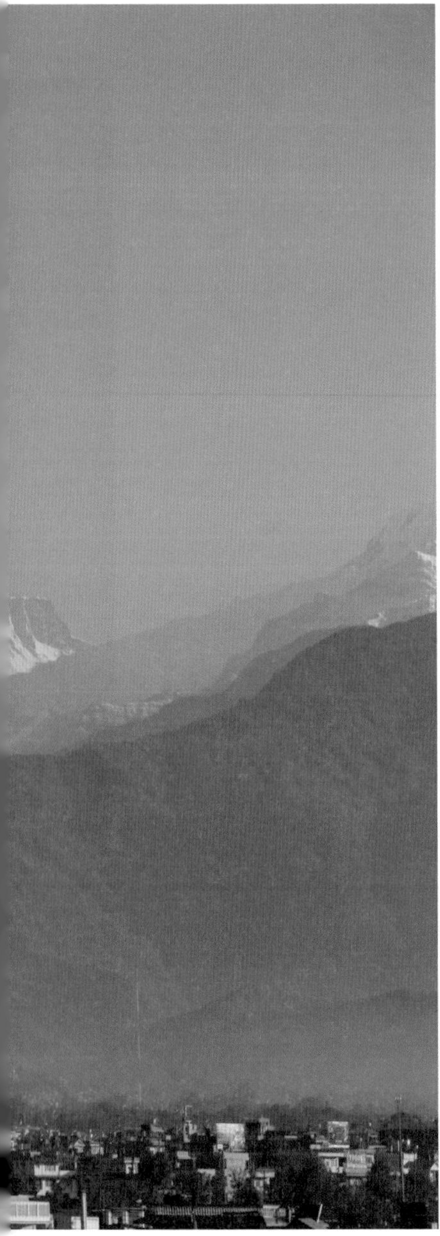

▲三十多年來，雪白的喜馬拉雅山始終都對我充滿無限的吸引力，使我一再朝向祂

沒想到四年後，從二〇〇三年起，我竟然搖身一變，好似跳進大螢幕裡，在喜馬拉雅展開「轉山」的旅程，而這一轉，竟是十年的光陰。

就在我卽將離開新聞記者工作前夕，二〇〇三年時任民視記者，一天突然被指派前往印度八大聖地並採訪達賴喇嘛。其實被指派的同時，銜佛光山星雲大師之命，我已經在籌備拍攝『佛國之旅』，那一趟任務派遣，簡直是上天安排好的勘景，並圓了我能採訪達賴喇嘛的美夢。

當時，達賴喇嘛正在佛陀成道地——菩提迦耶舉行「時輪金剛」法會。因爲法王行程非常緊湊，只能在法會開場前十分鐘進行採訪。經過一關又一關的行李配備檢查及隨身檢查，終於進到辦公室；結果，我才剛走到門口、見到屋子裡的法王，竟然不由自主的跪地哭泣，完全忘了記者的身分，更顧不得攝影機還在拍攝。直到法王面前，他扶起我、拍打我的臉頰說：Don't Cry！Don't Cry！我像個孩子回到久別重逢母親的懷抱般，情不自禁地痛哭流涕，完全失了記者該有的專業。

那一次僅僅十分鐘的採訪讓我感到非常不滿足，走出法王辦公室，我又心裡默想：下次能不能來個長一點的時間採訪呢？

雲彩最高的地方——拉達克

北有喀喇崑崙，南面則是喜馬拉雅，兩座海拔超過五、六千米的大山山脈，彷佛如來佛的手掌，把這個神奇美妙的地方，捧在手掌心。拉達克便因此高高在上、遺世獨立，擁有一個全世界最高的隘口，一條曾經號稱全世界最高的公路；直到一九七五年，這條公路對外開放，拉達克才從此對外敞開了一扇小小的門。

它曾經隸屬於吐蕃，十七世紀劃入回教勢力，十九世紀成爲喀什米爾的一部分，二十世紀之後，印度和巴基斯坦爲爭奪喀什米爾統治權而衝突不斷，拉達克因其地理位置的尷尬，因而不斷捲入無情的戰火中。

一九四九年，早已厭倦政治風暴的拉達克，盼到了不知該說是好還是不好的消息：經由聯合國斡旋，喀什米爾領土的百分之四十五歸印度，百分之三十四歸巴基斯坦，其餘的歸中國。拉達克便因此劃歸給印度。

三步一崗、五步一哨、滿街的軍車，與寧靜的藏傳寺院形成強烈對比；藏紅色的喇嘛與墨綠

年輕氣盛是缺點，可是少了那股氣，如何在艱辛的旅程中甘之若飴？

拉達克提克寺，乍看之下是否與布達拉宮有幾分神似呢？所以號稱小布達拉宮

色的軍人共處一片藍天之下，是拉達克獨特的風情。在緊張的地理位置中，拉達克人唯一享有的好處是平坦的馬路——因爲特別行政區的馬路修建得特別好。

根據一些歷史文獻的記載，公元九世紀末，吐蕃王朝壽終正寢，末代王孫倉皇逃亡，而被藏西的一個部落招贅成爲駙馬，也隨著部落的壯大，成了部落的頭目，漸漸的兼併了大片的土地。等到這位王孫頭目歲數大了，他的三個兒子也已經長大成人，王孫於是以天上的雲彩做爲標記，將土地分封給這三位兒子；老大選擇了雲彩匯集的地方，老二選擇了雲彩彎彎的地方，老三則選擇了雲彩最高的地方。在藏族歷史上，稱爲「三衰占三圍」，也就是三個王盤據的三個地方。那雲彩最高的地方，就是今天的拉達克。

比西藏還西藏

二〇〇五年我首次踏入這個如來佛的手掌。佛國之旅外景團隊從尼泊爾飛到印度首都德里，再轉機飛往拉達克的首府列城。放眼望去，這裡只有三種顏色：白色的寺廟、藍色的天空和駱駝色的荒漠。純淨簡潔的色調中，連綿不絕幾乎寸草不生的拉達克大山，五色旗在空中飄盪，妝點了一絲盎然生氣。高海拔、加上「朝穿皮襖午穿紗」三十度的日夜溫差，讓我們一行人都因無法適應而紛紛病倒，只能待在寺院寮房休息。

海拔三千多公尺的列城，位於印度河上游河谷，屬於較低海拔之處，也是方圓百里內唯一看得見花草樹木的地方。這蜿蜒的河流是來自西藏雪山腳下的水，它是印度河的源頭。由於自古便是重要的商旅驛站，西藏以這裡爲邊界貿易城市，把藥草運送出來，換回鹽、茶和其他生活用品。至今，首都列城街上的商店招牌還保留了一些藏文，彷彿述說著和西藏的一段淵源。

拉達克也因爲種族、語言和文化與西藏十分相近，因此有「小西藏」之稱。又因長年封閉的緣故，其文化色彩的豐富與完整性，堪稱「比西藏更西藏」！自從十一世紀藏密傳入後，全境百分之十到十五的居民都是僧侶，是全世界出家衆比例最高的地方，充滿了佛法的氛圍，在這裡修行是天經地義的事。

小布達拉宮—提克寺

清晨拂曉，當人們都還在沉睡，山腳下的城市還是一片寂靜，高山上的寺廟，僧寮陸陸續續亮起了小燈，早起的喇嘛已經開始了一天的功課。

距離列城南方二十五公里，比列城還要高上海拔三百公尺的提克寺，一座道地的藏傳佛寺，號音從將近海拔四千公尺的寺院高台，遙遙的對著高不可攀的喜馬拉雅，傳遍了整個雪山腳下的山谷。佛法猶如他們頭頂的陽光，遍照著萬丈紅塵裡的芸芸衆生；遠遠的喜馬拉雅則是他們世世代代以來，生命得以滋長的聖山。

落成於十七世紀，群山包圍的提克寺，被稱爲拉達克最爲壯麗的佛教寺院之一，因爲有著彷佛布達拉宮的色彩和外觀，也被人們形容爲拉達克的「小布達拉宮」。提克寺也就這麼呼應著拉達克「小西藏」的稱呼，點綴著列城的荒山。一位西方旅者的描述：「深沉的峽谷，背後是高聳入雲的奇異山崗，山村和寺院的炊煙，消散雲間。」連綿不絕而幾乎寸草不生的拉德克大山，便因裊裊炊煙而有了生氣，有了我佛常在的消息。

繽紛燦爛的嘉年華

拉達克境內海拔三千至六千公尺，除了一些喜瑪拉雅山系雪水溶化所灌溉的狹小平原，爲夏日帶來農耕和綠意外，其餘土地多半貧瘠且滿佈粗礫。要想討口飯吃，得和天爭。

▲不斷朝聖，穿上藏袍、轉經輪，過著藏式生活，彷彿就沾染了一絲神聖？

▲每一支喜馬拉雅原住民族幾乎都是「舞林高手」

夏天是拉達克黃金季節，十月過後，海拔三、四千公尺的拉達克卽將封山。西方的遊客浪漫地說這裡是「最後的香格里拉」，然而他們對香格里拉的狂熱，也僅止於拉達克的夏秋，之後這裡將成爲冰雪覆蓋、無人聞問的地方。

因此，九月初的這場嘉年華會，儼然是拉達克人的團圓日。住在喜瑪拉雅山區裡的各族群、往來於拉達克的印度人、喀什米爾人、巴基斯坦人、阿富汗人、藏人等，大家都來共襄盛舉。參加遊行的隊伍，據說分別來自五十幾個山谷村落，以拉達克如此高海拔的險峻地形，幾乎沒有一個觀光客有能耐走完這些村落，而今，那些一整年都深居簡出、生活在喜瑪拉雅山裡的族群，紛紛穿上了傳統服飾，騎著當地的牲口，或騾馬、或犛牛、或駱駝，翻山越嶺到列城一起歡慶、唱歌跳舞。

當下如此美好，光這一點，就値得歡慶歌頌。最後，大家不分族群、不分男女老少、不分東方西方，圍成一個大圓，隨著樂鼓，拇指與食指交扣成圓，踩著緩慢的腳步，轉圈，跳著傳統舞蹈。過去不可得，未來不可得，拉達克人早已心領神會。

因達賴喇嘛紀錄片，隨藏人一同「流亡」

爲了製作「佛國之旅」，我去了許多當時地圖上根本沒標出來的地方，走入荒漠、高山、深谷，那些人、那些仙境是那麼的令人難忘，總以爲這輩子就那一次的相會了。但是，有些人、有些地方，卽使再高再遠、再荒涼、再難以抵達，都無法阻擋我一去再去。

▲喜馬拉雅山區各大族群大會師的大日子

▲為了拍攝效果，達賴喇嘛流亡五十年紀錄片導演李惠仁整個頭都埋到青稞田裡了

是否宇宙總是聽到我的祈禱？還是因爲我能量純粹，始終一心向著祂，所以內心深處的願望總是能實現。沒想到十年後，二〇〇八年，我果眞受邀製作西藏流亡五十年紀錄片，這下正好可以完全浸淫在「西藏」裡了。當時我一心想要藉由外在——西藏流亡，來突顯內在——「回家」這個主題，那是我朝思暮想的依歸，沒想到卻從此隨藏人踏上「流亡」的旅程。

如今回首前塵往事，其實不過是一個渴望「找到回家的路」的媒體人，將自己的心願投射到西藏這個主題，希望藉由創作以療癒自我罷了。二十年後證明，所有向外找的旅程，終究是回不了家的——**外面沒有你要找的最後一塊拼圖，「完成」一直存在於自己的內在**。

不過，那一段追尋的旅程，也實在夠可歌可泣啦。

簽證被拒三次，翻山越嶺，突破重重關卡，終於在黎明見到法王，欣喜若狂。

第一次申請印度簽證，準備前往流亡政府所在地——達蘭沙拉採訪，左等右等已經到了搭機前幾小時，始終都沒等到機票和簽證，最後被告知簽證被拒絕。毫無政治敏感度的我，竟沒有想到自己已經陷入複雜的國際政治局勢。第二次再申請，攝影團隊只有兩位獲准，其它人依然被打回票。這也意味著我放了法王兩次鴿子，無法依約前往採訪，他應該理解是中印台箇中複雜的關係所導致。而我爲了解決問題，只好臨時更換導演、攝影，但製作人依然是我。沒想到承辦窗口一看到我的護照，竟然直接拒收。爲了時效性，只好請導演等人先行前往，這位導演就是現在已經鼎鼎大名的李惠仁，當時他剛鼓起勇氣離開新聞台，準備追尋自己的理想。

我希望能深入拍攝法王的生活起居，但法王的秘書說一定要我本人陪同才准許拍攝，但我就是無法獲得簽證啊！這個難題如何解呢？我急得像熱鍋上的螞蟻，直奔佛堂哭倒在觀音菩薩座前，哭訴：「菩薩啊，達賴喇嘛既然是您的化身，求您顯靈，讓我能順利去印度吧！」我跪在佛堂哭了一整夜，期望奇蹟出現。

隔天一早，腦中靈光乍現，想起一位和印度非常友好的老朋友吳德朗，告知原委請他協助。幾經轉折，看著簽證官收下我的護照，心中一塊石頭終於落了地。

拉達克，我又來了！

買了機票，第三天飛奔印度、抵達首都德里後，立刻轉搭國內班機，追到拉達克跟攝影團隊會合。結果，這次法王不在首都列城講經，我們還要再拉車七十二小時，前往一個叫Zanskar

的小鎮。我因長途跋涉加上高海拔，半夜雙腳抽筋痛到沒法睡覺，但只要想著即將能夠會見法王完成任務，再大的苦都可以忍，況且當時認爲這是利益衆生的大事，個人的身體病痛又算什麼呢。

一路翻山越嶺、忍受身體病痛，好不容易抵達Zanskar達賴喇嘛行館，我向英文秘書遞上名片、告知來歷，前兩次爽約法王知道原委，但這一次根本來不及預約，卻已經意外抵達拉達克了。秘書一臉不耐告訴我，法王的行程有多麼緊湊，抽不出時間接受專訪。身爲世界級的宗教領袖、諾貝爾得主，你可能很難想像他一天二十四小時的行程有多忙碌，我在世界各地跟隨法王拍攝，更加體會人在江湖是多麼得身不由己，拜訪、法會、演講、灌頂……連吃飯、上廁所都不容易擠出時間。可是，我也是費盡千辛萬苦才抵達小鎮，無論如何我都要見他一面。幾經央求、交涉，結果終於皇天不負苦心人，隔日一早六點法會尚未開始前，我們可以進入採訪。

那是九月初的一個週末，平時寧靜的小村落，今天有些騷動，因爲住在附近的藏人，已經有十二年未曾見到法王，達賴喇嘛來此傳法灌頂，對他們而言，可眞是天大地大的事。民衆扶老攜幼像潮水一般，湧向近郊的一塊空地，盛況更勝平時的趕集。他們將在這裡共度一年中最爲法喜的日子；拉達克所有的學校、商家全都休假三天。

天剛亮，我們已經抵達行館，架好機器，看著法王從屋內走出來。他見到我出現在Zanskar小鎮非常意外且驚喜，他大笑、牽著我的手，直問我：「妳怎麼來的？妳怎麼來的？」「觀世音菩薩引導我來的……」噙著淚水，所有的辛苦在這一刻都消融了。我望著法王背後看似不遠的雪山，心中有股莫名的哀傷，是有家歸不得吧？帶著一群子民在世界各地流浪半世紀。碰巧我也爲此飽受煎熬，才能稍稍體會身爲難民，在國際上沒有身分的無奈。

我忍不住問法王：「這裡的山河像不像西藏？」

「嗯，很像。但是西藏的山大一些、土地寬廣一些……」他眼神深邃地凝望遠山。

「這裡是否讓您想起西藏的家？」我再問。

「任何一個地方，能讓你覺得快樂的，那就是你的家，哈哈哈……」

猶記得台灣當時正遭逢莫拉克颱風侵襲，山河變色，小林村滅了。我們設計了一個鏡頭，請法王將象徵西藏祝福的白色哈達掛上攝影機，畫面上看起來如同法王爲台灣民衆掛上哈達般，大家都得到尊者來在高山的祝福。爲了這個一鏡到底，惠仁蹲著、舉著十幾公斤的攝影機、仰角，在海拔四千公尺缺氧下，還要屏氣凝神拍攝達賴喇嘛，我在一旁協助、看著此情此景，已經泣不成聲。

未竟之志，羅馬再相會

你可能難以想像貴爲法王的現實生活有多忙碌？即使在海拔三、四千公尺的高原，依然如在城市般忙碌，從早上六、七點開始，就要面見來自世界各地川流不息的媒體、賓客、藏胞，處理政務、寺務……經常連吃飯、上廁所的時間都非常有限。我們攝影團隊在拉達克山區與法王

▼在羅馬採訪前，特別送給法王故宮文物「彈珠填空」小玩具，逗得充滿童心的法王哈哈大笑

匆匆一面，已經是在緊湊的行程勉強騰出的半小時，但是流亡半世紀（以當時拍攝計算）的歲月豈是三十分鐘能夠道盡？

前往自由民主的義大利簽證自然是容易多了，但聯繫歐洲各地流亡政府窗口卻是處處碰壁。眼看日子一天天逼近，接機、住宿、交通……完全沒著落，讓我焦慮萬分。更讓人心灰意冷的是，來自主事者的一則簡訊：「廖小姐，如果覺得困難就算了，紀錄片並不需要採訪法王。已經很多媒體採訪了，不需要你再錦上添花。」哇！我這簡直是孤軍奮戰，第一關長途跋涉、翻山越嶺考驗的是身體耐力，接下來考驗的是心志力。

在與流亡政府與台灣達賴喇嘛基金會多次溝通之後，法王希望在羅馬進行專訪，因爲他將獲頒羅馬榮譽市民，時間就訂在二〇〇九年二月九日。

我正考量這個提議的來龍去脈，靜觀著自己的起心動念，突然接到了來自羅馬的國際電話，她是羅馬當地極爲活躍的西藏女性，名叫德青。她請我不要擔心，一定會來接機，頓時彷彿吃了顆定心丸。當我還在想像著這位藏女八成很西化時，只見一位身材瘦小、穿著傳統藏服的中年女子，帶著一面西藏國旗朝我走來，俐落地將它覆蓋在行李車上。

德青帶我們出去吃早餐，見到端咖啡的侍者，便興致勃勃地用他不甚流利的英語，大力宣傳達賴喇嘛即將要來羅馬，西藏是一個什麼樣的國家……，讓我當場看傻了眼，問她爲什麼要說這麼多，她直言坦率地說：「因爲要他們認識我的國家啊！」這時我才開始慢慢認識眼前這個人。

德青是二十多年前被送到歐洲的西藏孤兒，養父是羅馬人，去世後留下一棟房子給她，這是德青在他鄉異地唯一比別人幸福之處。平時她沒有固定工作，就到醫院或老人院打零工，除此之外，她還義務教導當地的藏族孩子學習藏文、幫印度的流亡政府募款。德青不僅向陌生人介紹西藏，還盡其所能的在羅馬保存西藏的語言、文化和宗教。令人敬佩的是，不只是藏人，任何需要幫助的人，她都會義不容辭地伸出援手，包括遠在非洲的飢餓難民，她都奮力的幫他們找麵包。

加持祝福洗滌塵埃

二月九日早上，德青帶我去羅馬市郊的格魯藏傳道場，這個道場已在此地耕耘了幾十年。看

▲修法前達賴尊者親和地戴上喜馬拉雅原住民族為他編織的特別花冠

著一群金髮碧眼的信衆忙進忙出、虔誠誦經，佛法如此深入西方世界，讓我感動莫名，一掃來羅馬之前的陰霾。當我見到住持格西時，他第一句話：「妳爲了製作紀錄片行走各地，很可能沾染了一些負能量，讓我來幫妳洗盡塵埃、加持祝福。」好似格西早已知道我這一路的種種遭遇，當他手持法器開始持咒時，我感覺身體越來越輕；接著一盆水從頭頂緩緩倒下，身心靈頓時清涼無比，原來這就是甘露法水的滋味呀。

得知達賴喇嘛要來羅馬，鄰近國家的藏人全都匯聚到這裡，連他下榻的飯店也擠滿了藏人和歐洲人。讓我印象深刻的是有個羅馬小朋友，他說只是在電視上看到達賴喇嘛，覺得他是個善良、正直的人，所以要媽媽帶他來迎接法王。

法王到達會場之後，大家上前握手、獻哈達，但只有媒體和相關人士才能進到飯店內。我趨前介紹說：「我是個紀錄片製作人，來自台灣。」法王熱切地握著我的手用中文說：「你好！你好！很高興見到你！」然後在衆人的簇擁下走進記者會場，推擠之中我剛好站在法王的左手邊，於是他握住我的右手，展開二十多分鐘的媒體聯訪。

看著他老人家，因長途跋涉略顯泛紅的眼睛，但依然誠懇熱情的回答每一個提問，即使安全人員急著將他送上樓休息，他還是回答了最後的提問：「今年（二〇〇九年）是您流亡五十年，這次又是今年的第一次出訪，有什麼心得？」

他回答：「五十年來我們無家可歸，卻因此認識了許多新朋友，不同種族，不同膚色，不同文化，不同信仰。我還可以和許多科學家探討佛法與科學的微妙關係……。我們建立了快樂而自由的新家。而且我還可以秀我的牙齒（show my teeth）！哈哈哈！」隨即開懷大笑，當大家一陣錯愕時，他已經起身離去。好一句show my teeth，一個人如何能在歷經半世紀的流亡歲月，且未來的路途依然艱辛坎坷的情況下，還能笑得出來？那是怎樣的胸襟和高度的人生智慧？他的笑，留給我無限的不捨、感慨和省思……。

得償宿願專訪達賴喇嘛難能可貴的一小時

人生如夢如幻，是醒時比較眞實，還是夢裡比較眞實？

或許因爲心思長時間沉浸在達賴喇嘛主題，在羅馬的第一個夜裡，夢中全是法王，他牽著我的手跑上跑下，有如飛簷走壁，頻頻跟我介紹我們走過飛過的每一處每一物，還有好多故事，夢中的他一如白天見到的模樣，精神抖擻、幽默風趣，感覺比記者會現場還眞實。

我準備了一條純白無瑕的白色哈達、一個刻有生肖豬的紫色琉璃印章，以及有趣的彈珠塡空玩具，準備獻給法王。三樣獻禮中，法王對彈珠玩具最感興趣，我在一旁解釋：「這是名畫家張大千的荷花，大小露珠設計許多孔洞，您得很有耐心把每個彈珠都搖進洞裡才能過關。」

在達賴喇嘛式的「哈～哈～哈」大笑中開啟了今天的專訪。

眼前年事已高的法王，談起和中國交手五十年的過往，簡直像是把歷史課被倒背如流，哪一年、在哪裡、見了誰……，他都如數家珍，甚至直呼那些政治人物的中文名字，超強的記憶力和語言能力都讓我驚訝不已。當他憶及當年與毛澤東會面的種種時，我刻意打斷而回問他，是否覺得被騙時，他眼神堅定地直視我說：「I really don't know.」我眞的不知道。

失去祖國家園，一生中有三分之二的歲月都在流亡、飽受國際政治現實打壓中度過……，凡此種種際遇，法王對他的對手竟是如此的寬容，原來佛眼視衆生是如此這般的境界。

「您曾說過，將來西藏要民主化，達賴喇嘛不一定要轉世；那麼，身爲佛教的達賴喇嘛轉不轉世呢？」「如果您成功轉世，第一件事最想做什麼？」我問。

法王突然睜大眼睛調皮地說：「吸奶啊！」

我當場傻眼大笑，差點忘了下一題要問什麼。

接著法王嚴肅地繼續說：「我因爲還沒有完全消除煩惱，所以將會一直轉世。而做一個修習菩提心的人來說，我也會秉持〈入菩薩行〉所教導的『乃至有虛空以及衆生住，願吾住世間盡除衆生苦』，我一直這樣發願，未來希望做一個利益衆生的人。」他看著我，重複說著：「利益衆生的心願，我生生世世都不會改變。」這句話如雷貫耳，回答問題時的篤定眼神，令我永生難忘。當下我眼眶濕了，行筆至此淚水依然滑落臉頰。採訪當下的感受是，我的上師受盡磨難，卻始終堅持利益衆生；而我，在拍片期間所受的一點苦難又算什麼呢？如果這是利益衆生的事，我理當生生世世永不改變。

就在法王侃侃而談時，隨行人員提醒時間到了，法王一行人得迅即移動到隔壁的會議室，那裡有上百位當地媒體已經守候多時，我連法王身上的麥克風都來不及拆下來。後來我才知道，這一個多小時的訪談是多麼地難能可貴，因爲隔壁的記者們，每個人只有幾分鐘的時間可以提問。

二月九日那天，我跟著法王全天的行程，先是專訪、記者聯訪、會見國會議員、獲頒榮譽市民……行程緊湊、沒有片刻休息。讓我印象深刻的是，不論在任何場合、會見販夫走卒還是政府官員，他始終一視同仁，從不因身分地位而對人另眼相看；鞠躬敬禮時，法王的頭永遠比對方低。「願將佛手雙垂下，摸的人心一樣平」感恩法王，讓我們見證聖哲的典範。

繼續往前走的動力

當天下午，在羅馬市政廳頒發榮譽市民時，羅馬市長開場對法王說：「您不僅是我們的榮譽市民，更是我們羅馬人。你五十年回不了家，可是全世界的門都爲你而開。」

法王上台領獎時說：「欺騙帶來暴力……。中國唯一不好的地方，就是生活在謊言裡。爲什麼中國人民的生活會困苦呢？是因爲生活在欺騙中。這些獎項，對我而言都沒有改變，我是個出家人……我來此領獎，不是爲了丹增嘉措個人，而是因爲西藏這時候很需要你們的支持，西藏人已經忍不住了，可是我還是要呼籲，所有的西藏人要定靜，不要暴力。這個榮譽來的正是時候，所有的西藏百姓一定知道，我領這個榮譽市民就是對他們的一種鼓勵，每次受獎就是鼓勵我更有勇氣往前走。」

法王念茲在茲都是西藏：「我們只是希望保存西藏的文化跟傳統。而保存傳統，對西藏和中國都是很好的，我相信每一個有思維的人都會支持這樣的想法。現在如果在西藏掛西藏國旗，馬上會被中共視爲叛國，是分離分子，可是當年（一九五四）我在北京面見毛澤東時，毛說：『你們西藏是不是有自己的旗子，將來我們要把五星旗和西藏旗綁在一起。』你們應該記得，毛主席說過，兩個旗子是可以綁在一起的喔！」

最後達賴喇嘛承諾：「第一，我承諾我要永遠維護人權。第二，我是個出家的比丘，我承諾所有的人都要生活在自由和慈悲的環境裡，不分種族、信仰和膚色。第三個承諾是要解決西藏問題，服務西藏人。流亡政府從二〇〇一年開始就已經進行民主選舉，所有的行政官員都由選舉產生。因爲我老了，慢慢要退休了，但只要我活著，我會繼續努力，不只是對西藏，我希望全世界的人都能平等。」

「每次受獎，就是鼓勵我更有勇氣往前走」法王說。我感慨萬千，在業力面前，人人平等；即使是轉世大修行者如達賴喇嘛，也要承受他的業報（流亡），生命煉淨的旅程無人能略過，只有具足慈悲與智慧，充滿勇氣地向自己的內在披荊斬棘而去。

註：《喜馬拉雅》（法語片名：Himalaya - l'enfance d'un chef）是1999年法國導演艾瑞克・瓦利（Eric Valli）執導的、法國、尼泊爾、瑞士和英國四國合拍的一部劇情冒險片。

▲「高山上的老頑童——與達賴喇嘛一同合十影音交響晚會」現場，當時副總統呂秀蓮、立法院院長王金平都來了，唯獨主角無法蒞臨，非常遺憾　(2010/1/3 台北國父紀念館)

尋找傳說中的香巴拉

經書預言，智慧第一的文殊菩薩將在香巴拉說法，而香巴拉就在雪山中某個神秘的地界，那裡沒有困苦、沒有貧窮、沒有疾病、沒有死亡、沒有任何妒忌仇恨和爾虞我詐，於是人們跋山涉水，在雪山群中踏破鐵鞋的尋覓。

是我在尋找香巴拉？還是香巴拉不斷召喚我？

喜瑪拉雅對我的召喚無所不在，在拍攝達賴喇嘛流亡紀錄片同時，我又接到來自另一藏傳中心的朝聖任務，據說那是一個當時連衛星都打不到的山區，時光倒回十世紀的神祕勝境。當我們從台灣出發後，開始進入如班傑明的時光逆旅，沿途學習實踐「減法」生活，爲符合直升機載重，大家只能帶「有用」的東西上山，其餘全留在加德滿都；又因爲沿途需要騎馬，所以方形行李也不能使用，只能用背包提袋，才能把家當掛在馬背上。事實證明，何只是那段香巴拉之旅要學減法生活？歲月始終都是公平的，無論貧富貴賤，生命注定是不斷「捨」的旅程，向青春告別，向摯愛告別，向疫情未發生前的生活型態告別。

衛星打不到的尼泊爾里米山區

此行緣於一群藏傳信衆，要跟隨仁波切返回他前世祖庭——尼泊爾里米山區朝聖。雖然劃歸尼泊爾，但該區一直都是藏人的聚居地，以前曾是吐番的領土，保留許多原始的西藏文化，地底下還埋藏許多珍貴的文物。我們受邀隨行拍攝記錄。

這是個極爲艱鉅的任務，以前去過的地方再怎麼貧困簡陋，至少水電沒有問題；這一次連發電機都得自備，而且里米位於深山中的深山，必須翻越好幾個山頭才能到達，其間還須走訪三個村莊，而村落之間的距離都很遙遠，來往的交通工具不是馬就是犛牛，除此之外就得靠人的雙腳了。然而儘管心中有些忐忑，但憑著我對藏人的好奇與關切，還是啟程前往那個未知的所在。

我們先抵達首都加德滿都休息、採買補給

▼象徵宇宙創始的金卵——加德滿都四眼天神廟，千年前是一處「自生蓮花」聖地，據說只有來自中國五台山的文殊菩薩能夠親近祂。

▲那一段崎嶇坎坷的懸崖峭壁，如果沒有丹增喇嘛和里米友人隨行照顧，恐怕是沒命下山了

品，還有一個重要的工作——留下行李箱，只攜帶生活必需品。爲什麼呢？進入山區的唯一交通工具是馬匹，要不就是手腳並用，行李只能掛在馬背上或者靠苦力扛在頭頂上，硬硬的方形行李箱無法運輸。

這時便開始考驗文明人的「捨」功了！如果每個人只能攜帶五公斤的隨身物品入山，你要捨棄什麼呢？如果每一樣東西都覺得很重要，那恐怕連入山資格都沒有。從小到大我們不斷的學習、吸收，凡事只有增加的必要，哪有減少的道理呢？但這一次恐怕要開始體驗世界倒著走是什麼滋味了。

首先，飛機越搭越小，搭乘尼泊爾國內班機到達Nibroganza，這地區的氣候相當炎熱，機場狹小、沒有冷氣，簡直像蒸籠，一行人在這裡等著預定的直升機，但等了大半天卻始終沒出現；原來昨天下了一場大雨，地上都是積水，直升機無法起降，整個行程已經延遲半天了。

接著，抵達某個定點後，還要再轉搭仁波切租的另一架私人直升機。由於目的地沒水沒電，一行人帶了百來公斤的行李，飛機駕駛深怕出意外，要求大家務必卸下部分行李和乘客，他才願意升空。大夥兒你一言我一語，討論著那些東西可以卸下、哪些不行，又是一番折騰，卸下的行李意思是要由人力背進山裡，聽說如果順利則三五天可抵達，要是天氣不好，天雨路滑，恐怕要一星期，而且東西可能會濕掉。再度考驗這群朝聖者的「捨」功了，難行能行、難捨能捨，這句話在這裡不只是佛經上的教導，而是馬上就要實踐出來的眞功夫。

行李一包一包的往下丟，重量減輕了不少。最後飛機駕駛又要求，搭乘人數也要減少，機上人們各著面面相覷，誰都不想下飛機，這一趟路至少是五天的腳程啊。沒有人要下飛機，駕駛很生氣，他不啟動升空；最後，一位高瘦的喇嘛和幾個人走下去，飛機終於升空，看著他的身影越來越小，消失在地平線。我不敢想像未來的五天、甚至需要更久，他一個人要如何走到目的地？他吃什麼？怎麼睡覺？

飛行中途，直升機再降落於另一個山間（Simikot），還沒降落就看到一群穿著傳統藏服的人，

從加德滿都前往里米山區搭的第一班直昇機

為了讓驢馬扛行李，要換成軟圓行李袋，我們一行人猶如古裝片商旅隊，狼狽走入深山

手持白色哈達，歡欣鼓舞的歡迎仁波切的短暫降落，這應該是一年中，用十根手指頭數的出來的朋友到訪吧？高海拔的荒郊野外，連有心人都要如此困難重重才到得了，外面的繁華世界會知道這個山谷裡住了幾十戶人家嗎？我們再卸下三百公斤的裝備和幾個人。就這麼一路放人、卸行李，歷盡千辛萬苦，終於抵達了第一個目的地——梯村。那是個海拔約四千公尺的山區，村民跳著傳統的藏舞，迎接遠道而來的訪客。黝黑乾燥的雙手，眞心誠意的爲我們斟上一杯奶茶，聽說村民光是挑水，就得走上好幾公里，而且是在高海拔扛水行走，那有多喘多累，只有自己親身經驗才知道，於是遞上的這一杯奶茶顯得格外的珍貴且莊嚴。

從文明回到原始

短暫的歡迎會之後，我們的旅程還沒結束，聽說還要步行兩個小時，才能到達今晚投宿的村莊。多年在深山行走的經驗，山裡的人說兩個小時，都市的人走恐怕要四個小時啊，這是我在山中行走最大的體悟。他們說轉個彎就到，其實是要轉一百個彎才到，山人的腳程、算數和都市鄉巴佬是截然不同的。一行人連同馬匹，浩浩蕩蕩地行走在顚簸的山路，所幸行李是由馬匹馱運或當地人幫忙扛，我眞不敢想像自己如何能活著走出來。馬兒的背上掛著兩包圓鼓鼓的小行李，我們隨著穿著傳統服裝的藏人走著，彷彿古裝片裡的旅人商隊，在荒郊野外找客棧，只是我確信不會在半路遇到強盜，因爲這裡根本用不到金錢交易，是自給自足的山中生活，偶爾依賴空投物資，要不就要翻山越嶺走到邊境以物易物。沿途散落著殘破的藏式佛塔，五色旗隨

在里米山區所見除了山之外就是古老的佛塔及風馬旗

風飄揚，高山流水聲伴著馬隊脖子上掛的鈴鐺聲，此起彼落迴盪在整個山谷間。

終於抵達我們在梯村的家，這是一間土塊夯成的屋子，滿地都是稻草，爬上木梯，才是睡覺的地方。用家徒四壁形容這裡再貼切不過，唯一有顏色的是殘破床墊上鋪著的西藏地毯，整個空屋充滿了羊騷味和犛牛味，我趕緊鋪上台灣帶來的睡袋眼不見爲淨，唯一吸引人應該是打開窗戶的整面山景吧。

這團大約二十多人，甚至比村裡的人還多，他們爲我們的到訪騰出房子、熱水瓶，甚至還要幫我們搭個臨時廁所，怎麼做呢？在地上挖個大洞，用木板、鐵皮架起來隔間，由於整個村莊是沒有電的，夜晚去上廁所得格外小心，否則一腳踩空就直接進洞啦。

由於家徒四壁，沒有窗簾，沒有水電，生活的一切都得跟著太陽作

▲村莊沒水沒電，只能利用白天在屋簷寫稿採訪。上下房屋只能靠後方的木梯

息，眞的是日出而作、日落而息。皮包不需要了、手機用不了，唯一最先進的應該是我們帶去的發電機，爲了攝影機等配備充電使用。從出發到抵達這裡，雖然我們沿路已丟了不少東西，當時斟酌再三想帶過來的林林總總，來到這裡根本毫無用武之地。是否在我們的生命中也是如此呢，有多少捨不得用、捨不得丟的東西，到頭來根本一點也不重要，爲何我們總習慣緊抓不放呢？

里米物資缺乏，要把肚子塡飽都不容易。我們每天只吃白飯配青江菜，或者青江菜煮麵疙瘩，再配一點台灣帶來的罐頭。但是當地風沙大，飯菜裡都是沙子，咬下去還會發出喀、喀的聲音。導演帶來的泡麵一直捨不得吃，十天後忍不住泡了一碗，我永遠記得當他聞到泡麵香氣時的神情，整個人高興得在屋子裡跳來跳去，一臉盡是滿足的笑容，直到現在，我們都還記得那個難忘的滋味。

▲翻山越嶺餐風露宿，靠撿拾馬糞起火煮食

即將前往下一個村莊，全村村民前來送行；未來一個月的旅程，就要靠村長特地幫我物色的這匹白馬王子了

有一天餐桌上多了一道花椰菜，大家都很驚艷，聽說是村民扛了三天，翻山越嶺才送達的，我那一口咬下時眼淚都跟著掉下來。我們在台灣物資富裕，就算颱風要餓肚子都不容易，很難體會沒東西吃的危機感，在里米自然升起對食物的珍惜和恭敬。

原始生活的挑戰

整整一個月，我只洗過兩次澡，而且這已經是當地最奢侈的享受了。因爲用水必須到很遠的地方扛，高海拔、扛重物幾乎是要人命的喘，回到家還要生火、燒柴才能煮熱水，裝進保溫瓶裡；如此浩大的工程，跟我們日常使用的電熱水壺、最快四分半鐘沸騰相較，眞是天壤之別。聽說，梯村的保溫瓶全都借給我們這群台灣客了，而那水銀內膽保溫瓶裡原本是裝酥油茶的，我忍不住不洗澡，但是從保溫瓶倒出來的水，讓我全身充滿酥油味。難怪藏人說一生只洗三次澡：出生、結婚跟死亡，取水不易，加上天寒地凍又乾燥，既不會流汗，也不長蟲。只是我們習慣天天洗澡，要在這裡過日子實在辛苦。

有一天，太陽終於露臉了，我想到瀑布下的水道總可以洗頭吧，我看到村民都在那裡洗衣、洗菜。因爲陽光很烈，心想水溫應該還可以吧，沒想到竟然冰涼透骨，那可是來自喜瑪拉雅山的雪水啊，我怎麼這麼沒常識呢。可是頭已經洗一半了，這下眞的只得硬著頭皮洗完；沒想到洗完後，頭痛欲裂，因爲水實在太冰了，腦袋的血管急速收縮。回台灣後，中醫師說要不是因爲年輕，恐怕當場要腦中風。

當我們一行人要移動到第二個村莊時，那又是個浩大工程。村莊所有的馬都牽出柵，但人還是比馬多，有些人只好步行，村民還要幫忙牽著馬，保護大家的安全。一群沒有騎馬經驗的人狀況連連，好幾人都摔馬，有人撞到頭、有人傷到腳，而我們的執行製作更慘，肋骨斷了。

屋漏偏逢連夜雨，我半夜上廁所時，因為樓梯簡陋，深淺不一、高低不平，一個不小心從寺院的三樓踩空，跌到二樓，頓時眼冒金星，右手動彈不得。所幸隨行有中醫師幫忙針灸減輕疼痛，但自此我成了殘障人士，只能靠人抱著上馬、下馬。

相見時難別亦難

由於這次的行程將走訪三個村莊，每個村莊居民不到一百位，相隔好幾公里。每次移動前往下一個村莊時，村民們都會拿著哈達、食米、奶油夾道歡送，藏人對仁波切的絕對恭敬在此地更有過之，尤其翻山越嶺才能有一次的

▲右為 Banba，我稱他是里米的五星級飯店，對我們的生活所需幾乎是有求必應

相見，或許今生也只能見上這一次面了，大家沿路恭送仁波切，追著我們的隊伍，直到距離村落已經很遠，仁波切要他們別再送了，大夥人才站在原地拚命掉眼淚。「相見時難別亦難」形容這裡的景況再貼切不過，只是旅行者沒有逗留的權利，生命也無法停止轉動，電光火石的相會如刹那的永恆。

尋找傳說中的香巴拉

由於我當時身兼兩支紀錄片的製作，我們必須兵分兩路，我和導演只得提前離開深山。聽說要從四千多公尺一路翻過好幾個山頭，抵達某個小城鎮才有直升機可搭，兩位里米當地藏人和丹增喇嘛熟悉路況，我們便決定隨他們下山。

在偏僻高遠沒水沒電的深山過了四十幾天，這段時間照顧我們生活起居的是一位尼泊爾青年Banba，一早我看見他爲我們備妥馬和糧食，心裡一陣哽咽，這一別恐怕就是一世了，這一生我們僅有這個月短暫卻深刻的生命交會。噙著淚水與留下的夥伴相擁道別，我騎上馬朝向另一座山，忍不住頻頻回首，看著Banba不斷追著馬，夥伴的身影漸行漸遠，今朝一別，我們各奔東西，在深山行走有太多的未知，彼此珍重、平安歸來是此時唯一的心願。

▲從海拔三千公尺一路攀登至四千公尺高，走在險峻的山陵線上，第一次感覺命在旦夕。
右為丹增喇嘛，熟門熟路的他沿途安步當車，實在崇拜！

路崎嶇陡峭，沿途犛牛掛著鈴鐺迤邐走來，我們一行人和馬匹緩緩攀爬，好幾次險象環生，連馬都快喘不過氣來，我騎在它身上，我們是命運共同體，我感受到馬的急速喘息和心跳，顫抖著舉步維艱；前方的友人離我越來越遠，我看著他消失在山頂的雲霧中，回頭向後看則是懸崖峭壁，只要馬一失足，我就要空留千古恨了。騎在馬背上行走在陡坡，其實不宜亂動身體，但我忍不住將護照從背包拿出來，放在外套的口袋上，預防萬一有個閃失，剩下一堆白骨時，還有人知道這是一個來自台灣的女子。導演不忍心馬兒氣喘吁吁，決定下馬自己走，結果他喘得比馬還厲害，只好殘忍的再度騎上馬。走到這一步，只求能活命就好，其它都不重要了。幾個鐘頭後，終於抵達最高點——地獄山，一片霧茫茫，伸手不見五指，空氣非常稀薄，我幾乎

▲別懷疑，放眼望去的風景，全部是我走過的路

凍僵，被抱下馬時，全身動彈不得，氣壓大到連上廁所都使不出力來。永遠難忘導演適時遞給我一片巧克力，在海拔五千公尺吃巧克力，身體立刻暖了起來，血液在身體竄流，讓我確信：我還活著。

這裡之所以稱爲地獄山，是因爲山路崎嶇、山頂石頭很像珊瑚礁，佈滿了一個個窟窿，裡頭都是積水，行走其上高低起伏凹凸有致，四周雲霧瀰漫伸手不見五指。喇嘛知道我受傷，一路細心攙扶著我。在一片濃霧中，我問喇嘛怎麼知道路，他說已經走過兩、三回了，並指著前方我看過去只有一片迷霧的地方說，那裡是湖，還好有引路人，否則很可能一腳踩空落進湖裡。

唯一可喜的是在地獄山對面，有座高聳雪白的大山，正是西藏子民的聖山——岡底斯山。岡底斯山主峰——岡仁波齊，是各種宗教神話傳說的萬神殿。

藏傳佛教認爲此山爲勝樂金剛的聖地，勝樂金剛爲了傳遞正法、普度衆生，降伏了原本占據此山的妖魔鬼怪。據說，釋迦牟尼佛涅槃前曾指示十六阿羅漢要長久住世，其中的因竭陀尊者（Arhat Angaja）的住世聖地即是岡底斯山。印度高僧阿底峽尊者曾在這裡遇見因竭陀尊者，現在還留有很多記載傳聞：阿底峽尊者一行入藏傳法，行至神山腳下，依稀聽到山上有敲擊檀板的聲音，阿底峽尊者以爲這是阿羅漢用午膳的時間，便對衆人說：「阿羅漢敲午鐘了，我們也吃飯吧。」從此以後凡來岡底斯山朝聖，如果有機會聽見檀板敲擊聲，便被認爲是有福報的人。因此，歷來佛弟子無論多辛苦都要到大雪山轉山、閉關修行，至今仍留下許多修行洞窟。

印度稱岡底斯山爲「凱拉斯」（kailash），意爲濕婆神的天堂。耆那教認爲這裡是創教人——筏馱摩那獲得解脫之地。

對苯教來說，岡仁波齊峰則是苯教衆神的居住之所。

在岡底斯山，有人順時鐘轉山，有人逆時鐘轉山……而我這一路走來，跟著藏人、印度人、蒙古人……到處轉山。自己無意識地走進當年以爲遙不可及的電影《喜瑪拉雅》的畫面裡，自已成了影中人，在與世隔絕、高聳險峻的山崖上一步步走向未知的旅程。

離開山頂開始下坡，不能再騎馬了，馬匹交由當地人照顧，人得要下馬靠雙腳。從峰頂慢慢下山，濃霧漸漸散去，原本光凸凸的高山，慢慢地看見植被，到了三千公尺左右則開始出現比較高的樹木。最後，終於下到了山谷，這裡有河流，才眞正鬆了一口氣，以爲冒險患難的旅程終於結束了；沒想到緊接著又要攀向另一座高山，這一天能夠歇腳睡

▲深山裡的生活非常艱辛，貧脊、負重、翻山越嶺是家常便飯，那一段里米旅程我永生難忘。

覺的地方還沒到啊！

我爲什麼要來這裡吃這麼多苦、爬那麼高、走那麼險峻陡峭的山路？

我在尋找什麼？這一趟旅程是否夠遙遠，足以找到生命的安歇處？

眼前這座山的景致和地獄山顯然不同，山路沒那麼崎嶇陡峭，沿途風景秀麗，但因爲下雨，一路泥濘，許多松樹傾倒在路中，山澗溪水淹沒了山路。而幫我們照顧馬匹的人腳程比我們快太多，我們雙方完全失聯，沒有馬可騎，只能步行了。眼看著太陽就要下山了，原以爲他們會在附近紮營，卻不見半個人影。沿途雨水與陽光交織，我的身體濕了又乾，乾了又濕，踩著泥巴、踏過河水、枝幹……，但還不能停下來休息，因爲我們要趁天黑之前趕到營地。喇嘛說，如果下一個點還沒見到人，他們可能是到更遠的地方紮營了，而要走到那個地方還需要三、四小時。我既擔心又害怕，如果沒趕上前面的人該怎麼辦，補給品都被他們帶走了。

天已經黑了，我們到達一個岔路，喇嘛以爲他們會往上走，到下一個點紮營。沒想到堪布和導演實在太可愛了，他們用一根樹幹擋住路，在旁邊留了紙條和一包餅乾，上面寫著：「我們往下走，很快就到了。餅乾在這裡。」此時才終於放下心來，知道營地已經近了。那是個村落間以物易物者歇腳之處，有人經營，有水可用，實在太棒了！歷經十三個小時失聯、再見到同伴，眞是欣喜若狂，而且還有熱騰騰的開水沖泡麵，空氣中瀰漫著台灣來的香味，幸福滿足莫過於此。

在原始森林中的「半人」

清早，在蟲鳴鳥叫聲中醒來。迎接我們的是在天際盤旋的老鷹，以及枝頭高歌的烏鴉，可以看得出，我們的帳篷對動物們來說充滿違和感，牠們紛紛靠近圍觀，也因爲在山裡住了頗長時間，我已經學會從牠們身上掛的鈴鐺、腳步聲分辨，來者是羊、馬、還是犛牛了。

生活在高海拔無論是人、還是動物，要存活都是非常辛苦的，大型的犛牛或馬自是要駝重物，小型的羊日子也沒閒著，經常看到一整群羊咩咩，每隻羊身上都掛兩袋鹽，同樣得要翻山越嶺，有些聰明的羊看到石頭，便自然的將身上背的重鹽袋掛在石頭上喘氣休息，等到大夥兒都跑光了，它趕緊追上。

跟著動物們的作息，我們也得日

▲騎馬過河時千萬不能低頭看水，你會頭昏眼花，從馬背上摔下來。話說這樣的風光，一生能有幾回呢？

出而走、日落而息，路程都得在白天趕到，如果太陽下山後還到不了下一站，那可就不妙了。高山氣候日夜溫差大，中午炙熱，早晚爆冷。紮營、搭帳篷，到河邊取水喝，撿拾馬糞起火，煮麵疙瘩或糌粑是每天的日常。但爲我們領路的當地人，直接睡在石頭堆砌的羊圈裡，頂著星空、天地爲舖；半夜，我聽著雨滴打在帳篷上，睡在外頭的他們鼾聲此起彼落，雨水也叫不醒他們。果眞是里米當地人，他們才是天地人合一的實踐者和享受者。

雪山、藍天、白雲、飛瀑、溪流、古木……這裡是傳說中的香巴拉嗎？經書預言，智慧第一的文殊菩薩將在香巴拉說法，而香巴拉就在雪山某個神秘的地界，那裡沒有困苦、沒有貧窮、沒有疾病、沒有死亡、沒有任何妒忌仇恨和爾虞我詐，於是人們跋山涉水，在雪山群中踏破鐵鞋的尋覓。

我們幾個台灣人，常被喇嘛笑說根本是「半人」；因爲里米人、藏人可以撿拾馬糞生火、折樹枝做筷子、睡在天地間；而我們沒有半點野外生活技能。唯一比較可喜的是——我的騎馬技術，經過了上山過河各種實戰演練，我越來越駕輕就熟，但因爲一隻手受傷、僅剩左手支撐，上下馬都需要人幫忙。有一天，喇嘛建議：「反正你很輕，要不要試著下坡時不要下馬？」隨即拿掉馬鞍，教我略微往後坐在馬屁股上，身體往前趴在馬背上抱緊馬的身體，這樣下坡就能穩住，身體不至於往前傾而摔下馬。事實證明，這個看起來不怎麼美、又不專業的馬姿，其實蠻舒服的，連腰都可以放鬆。但當地沒人這樣騎馬，沿途遇到小朋友紛紛詢問喇嘛，趴在馬背上這個人是不是喝醉了，原來我這是醉漢的騎姿啊！

之所以膽敢把自己交給牠，是因爲這些日子的相處觀察，知道牠是一匹「識途老馬」。聽說我這匹是村長的馬，行走在險峻的山路古道時，牠總是謹小慎微觀察好方向之後才邁開步伐；相較之下，導演騎的那匹馬雖然年輕力健，卻橫衝直撞亂走一通，還會撞進樹叢害他刮傷腳。

同行的喇嘛很喜歡鄧麗君的歌，他說小鄧在西藏也很火紅。剛好那時手機裡下載了不少鄧麗君的歌曲，於是便沿途播放給喇嘛聽。這情景讓我忍不住開玩笑說，自己騎的是尼泊爾里米區最高級的寶馬（BMW），搭配高級音響播放小鄧的歌曲。自此我終於漸漸放下擔憂和恐懼，開始能用享受的心情繼續冒險的旅程。

山路逐漸平緩，也有些零星石頭屋錯落其間，終於看見一間雜貨店，這是翻山越嶺這幾天以來唯一的商店，儘管只有Maggie泡麵，但對狼狽不堪的我們而

▲因為手傷，上、下馬困難，乾脆全身趴在馬背上，結果被當地人看成醉漢了。

言，簡直就是天上人間的美味。

聽說我們已經來到這趟旅程最後一個山頭了，站在海拔三千五百公尺的高山上，喇嘛指著下面的村莊說那裏是「西米谷」，也是我們的終點站，村莊裡有水電、有旅館、有直升機。身體疲憊不堪、全身髒兮兮，我把尋找香巴拉一事兒忘得一乾二淨，忍不住展開雙臂、對著下面的山谷大叫：「西米谷，我來了！」回頭再看來時路，一、二、三、四、五、六、七……我簡直難以相信，那是近一個月來我們千辛萬苦、手腳並行所翻過的的每一座高山。

過了四十多天沒水沒電住帳棚的日子，走進村莊裡唯一的一間小旅

▲沒想到有那麼一天，我自己也進入了當年曾嚮往的"喜馬拉雅"電影中人，穿梭在喜馬拉雅山間

館，我幾乎有點暈眩，連基本的電燈開關都讓我們覺得興奮，我和導演兩個人竟興奮地玩起了電燈，看著電燈忽明忽暗興奮得不得了。這使我想起才幼稚園的小姪子，簡單的遊戲都能讓他興奮的吱吱笑。當我們還是個孩子時，快樂是那麼的簡單；曾幾何時，快樂離我們那麼遙遠？是否，此時此刻，就是所謂踏破鐵鞋無覓處的香巴拉？

天黑了，喇嘛去幫忙打聽明天是否有直升機。因爲山區氣候多變，直升機飛到這裡必須越過好幾個山頭，如果其中一座山下雨，就過不來了。而且機上只有十二個座位，得趕緊去買票，搶到票才能走。旅館老闆說得視天氣狀況，如果運氣不好，搶票也沒用；如果天氣晴朗，就要趕快搶票、然後搶上飛機，因爲機票可能會超賣。他說，有人曾經等了一個月都下不了山，聽了眞讓人擔心。

隔天一早起床，收拾好行李，隨時準備衝鋒陷陣。但喇嘛說要有心理準備，可能要等上好幾天。非常幸運地，今天西米谷天氣很好，希望其他山頭的天氣也一樣好。突然聽到老闆喊：「來了！來了！應該是來了。」我們立馬上衝出去買票。那架直升機除了來載客之外，也肩負運送糧食的任務，聽說如果沒有載米過來，飛機會被村民用石頭砸爛。飛過來時爲了裝貨品，得將機椅拆解，我們得要等糧食都下機，空服員將椅子歸位，才能上飛機。這是考驗耐心和穩定的時刻，沒登上飛機前心情七上八下。

終於拿到票，登上飛機了，心上一顆石頭落了地，起飛時我對著蔥鬱的山谷說：「再見了，里米，我不會再回來了！」喇嘛笑我說，越是這樣說，越有可能再回來。

恍如隔世，重返人間

抵達酷熱的Nibroganza，彷彿從天上回到人間，十二小時內，海拔落差三千多公尺，天氣從酷寒到炎熱，脫下身上厚重的衣物，感覺很不眞實。下一站要再搭國內線班機回尼泊爾首都加德滿都。由於我們的機票都不是當天的，而且飛往加德滿都的班機已經客滿，只能候補。小地方小飛機一票難求，但我急著回台灣，轉往紐約採訪達賴喇嘛，行程完全不能耽擱，只好緊盯航空公司的櫃檯候補名單，最後只有兩個座位，感恩同行師姐願意成全，使導演和我順利補位。

回到加德滿都，時間極爲緊迫，先回寄放行李的地方更換原來的行李箱，一陣兵荒馬亂，再衝回機場，趕搭加德滿都飛往香港的班機，才能在當天接回台灣。從清晨五點搶搭直升機、轉搭尼泊爾國內線班機，再從加德滿都搭國際線經香港轉機，晚間終於抵達台灣，十二小時內總共搭了四次飛機，從三千五百公尺一路下降到平地。

眨眼間，從原始的十世紀，穿越時空，回到人聲鼎沸、繁華的二十一世紀；昨日還在高山騎馬看雪山日出，今日已經坐在摩登的香港赤鱲角機場，隔著大片玻璃窗看著冉冉升起的太陽，今夕是何夕？這世間有什麼留得住呢？不過就是「一切有為法，如夢幻泡影」。

擺脫不了鬼魅的前半生

爲了一顆佛牙染怪病

印度大陸東南邊有個小島，國土面積不大，約台灣的兩倍，島嶼如同一滴滑落的淚珠，因此被暱稱爲「印度之淚」——斯里蘭卡，也就是大家過去熟知的錫蘭。如果不是爲了一顆佛牙舍利，我大概一輩子也沒機會踏上這片土地。

據說斯里蘭卡的這顆佛牙舍利，原本是印度一個名叫「羯陵伽國」的古國所有。公元三七一年，印度半島烽火連天，羯陵伽國的佛牙城被攻陷，鎮守城池的駙馬，在慌亂中把佛牙舍利藏在公主的頭髮裡，一起逃難來到這座海島，從此成爲王室統領島國的最高權力象徵。

依照王室傳統，佛牙寺每天都有固定三次的供養儀式，分別在黎明破曉、日正當中和夕陽西下之前。安放舍利的佛殿打造了三道精密的大鎖，鑰匙由寺內的兩位長老和一位佛牙寺的居士分別掌管，也只有同時打開這三道大門，才有機會一窺這珍貴的、佛陀遺世的聖物——佛牙舍利。

不過，兩千年來最爲人津津樂道的是佛陀曾經三次造訪楞伽（當時的斯里蘭卡）。根據文獻記載，第一次是在悟道之後的第五個月，佛陀示現神通，以威德神力接引了當地的夜叉皈依。第二次是在悟道之後的第五年，趕來化解了一場部族戰爭，並接受了王儲的邀請，他日再來講經。又三年，也就是佛陀悟道後第八年的五月，他帶著五百信衆，就在首都——可倫坡的凱拉尼亞大寺正式升座說法。人們後來在當時佛陀升座的地方，建造了一座美麗的白色大舍利塔。

從嚴寒到酷熱

話說二〇〇四年元月，我剛從零下十度的北韓回到台灣，聽說有一群虔誠的佛弟子，將於二月隨強帝瑪法師前往斯里蘭卡瞻仰佛牙舍利，如此難得的機會豈容錯過，我便毫不猶豫地將皮箱內的冬衣換成夏裝，整裝出發。

台灣到斯里蘭卡的路程其實並不遠，但轉機過程頗爲周折，且降落和起飛都在半夜，旅途相當辛苦。當飛機一抵達首都可倫坡時，我發現脖子右側腫了起來，當時以爲是一路搖頭晃腦睡覺而落枕，所以沒多留意。

斯里蘭卡位於赤道邊緣，天氣炎熱，尤其和北韓冰天雪地的天氣恰恰相反。我們住在一間非常簡單的寺院，不但沒有冷氣，而且蚊子很多，半夜三點才躺下，清晨五點就要拍攝師父們做早課。在沒有充分休息的情況下，身體變得很虛弱，每天都昏沉沉，但始終沒聯想到是脖子的腫塊所引起，以爲只是從酷寒到襖熱身體適應不良所致；何況團裡還有兩位中醫師，每天幫我推拿、調配中藥，心想既有隨行醫師，又在製作佛教節目，有諸佛菩薩的加被祝福，不會有事

斯里蘭卡·波隆納魯沃古城「加爾維哈拉亞」佛教聖地十二世紀岩壁佛像保存至今 · 攝影 王慶中

的。直到生命通透後，才知道那樣體解佛法實在扁平侷限。

到底「業」是什麼呢？事實上，無論信仰哪個宗教，每個人都快速飛奔在個人專屬的生命軌道上，無法暫停、無法跳車，這股動力加速度，就是所謂的業力。

雖然有善業、惡業之分，但「業」就像地心引力一般，即使諸神佛想要拉你一把，都難以終止一個人這一生所要受的「業報」——他從過往至今不斷朝某個固定方向前進，動力加速度必然累積出它的結果；自我、個性，就是業的結果。

業構成了宿命；業未經改造，宿命就無法改變。失意是宿命（不善業）所成，得意也是宿命（善業）所成，兩者都被業力牽引而無法超越，得意雖是善業，也終有結束的一天，那時候又該如何呢？以上所談的還是自業層面，若涉及到「共業」，比如：全世界一起經歷新冠疫情大爆發，或是烏俄戰爭、以巴大戰、中東戰亂不斷……這些屬於一大群人要一起承受的共業，牽涉的層面就更廣大了。

怪病纏身

離開首都可倫坡，採訪攝影團隊展開斯里蘭卡島國巡禮，鄉村和山區路況極差，道路顛簸不已，脖子上的腫塊越來越大，車子只要輕微跳動就非常刺痛，只好沿路靠著枕頭來減輕震度。當時，我每天都處在頭昏腦脹的狀態，但爲了完成任務，還是咬牙苦撐，直到有一天突然昏了過去，才被隨行法師帶去看醫生。醫生說我已經發燒多日，沒吃東西、營養不良，而我還一直以爲只是中暑。不過，脖子上的腫塊卻像吹汽球般，從輕微隆起，十天後腫得像鵝蛋似的，三個禮拜竟變得像拳頭般大小，我就這樣一路在斯里蘭卡撐了二十多天。

當時正值SARS流行高峰，奇怪的是，回台灣經過海關檢測時，紅外線體溫計竟沒測到我發燒，所以也就更沒意識到問題的嚴重性。但回家後幾乎天天發燒，只要發燒，脖子上的腫塊就強烈刺痛，彷彿萬針插入、隨時要爆裂開，而且腫塊越來越大，脖子完全動彈不得。一天，高燒得厲害，才到住家附近看診，該醫師一看，根本不敢診治，要我馬上到大醫院去，那時才驚覺事態嚴重。儘管進了大醫院，醫生們也搞不清楚我到底是染了什麼病，只能先打抗生素、住院檢查，期間經常高燒到不省人事。有一回，打了盤尼西林後就暈了過去，暈倒後仍有意識，聽得到醫護人

印度種姓制度使人難以擺脫宿命的桎梏

員對話，但身體無法動彈，打針的護士明明是台灣人，我看到的卻是斯里蘭卡黑皮膚、大眼睛的護士，有一種瀕死的感覺。

求神問卜，遍訪奇人

住院已經一個多月，卻始終查不出病因，只能持續打抗生素來抑制發燒，家人都非常擔心。顯教、密教、南傳、北傳……數百位修行者，有的在當地寺院，有的直接到醫院爲我修法、誦經祈福，病情卻始終沒有好轉。

心慌的母親爲了我南北奔波，只要有人介紹哪裡能解決問題、誰有神術，不論上山下海，她都會想盡辦法前往，遍訪奇人、求神問卜。

一位乩童說：我的三魂七魄中，有兩條魂留在斯里蘭卡，必須招魂才可解厄。

有特異功能的氣功老師在紙上寫了一個大大的「死」字，他說那些鬼魂要置我於死地；她用手煽我脖子右邊腫瘤，大家都聞到一陣屍臭味，再煽脖子左邊，則聞到燒焦味。

通靈的老奶奶說：我去印度、斯里蘭卡等衆神之地拍片，得要向天界稟報，並求得令旗、印章……他大罵派我出征的「大師」，竟然完全不懂「天上」的遊戲規則，如此大意讓我出征，才會招惹邪魔惡靈入侵。她帶我去龍山寺，求觀世音菩薩賜我寶物。首先需求得三個聖杯，她要我雙手伸出去『領旗』、『領印』、『領筆』……「什麼？……筆？……她有了？」他正在跟菩薩對話。「筆不用了，妳有！」他對我說。接著繼續念念有詞、瞪大眼睛看著我空無一物的手掌心，大聲命令我「收下！」領取寶物，並叮囑我一定要「收好」。而我其實什麼都沒看到。

還有一位能隔空針灸的老師，不需要面對面，透過電話就能扎針，而且我真的感覺針扎在脖

▲失意、迷惑、重病時，多希望求神問卜能得到一個最佳解答？
但是，你確信那是「最根本」的解答嗎？

子上，痛得哇哇大叫。每次隔空扎針都能使身體稍稍緩解幾天，但好景不常，高燒又會突襲而來。凡此種種，不知試了多少回，所有方法都已用盡，但每次都只能好轉兩、三天，之後便回復原狀。如此模式，反覆折騰，不斷進出醫院。而各路高人也分別告訴我一段故事，這些零碎片段的因果，卻指出一個共同的方向——冤親債主找上門。

母親以爲參加佛教最盛大的水陸法會或許有用，於是我暫時住在寺院裡，希望能夠藉著清境寺廟的加持力消災解厄。但一到寺院，症狀更嚴重，我根本沒法下床，不但雙腳無力，踩不到地板，每天夜裡都被鬼壓身，完全動彈不得。

前世冤業難解

水陸法會一般是七天，每天都有不同的儀式，第三天要爲孤魂野鬼授幽冥戒和三皈依。因爲鬼道眾生都是夜晚出沒，所以儀式是在晚上進行，所有信

人人都渴望藉由法會，讓煩惱痛苦隨著裊裊香煙散去

衆都會參與。那晚傳授幽冥戒，扣鐘三響，大家進入大殿後，我的怪病突然間全好了，既沒發燒，頭也不疼，於是趕緊把握機會抄經。但，當法會一結束，所有的病痛又全都回來了，七天裡唯一好受的就只有那短短的兩、三個小時。

有一天將舉辦重大的法會，媽媽希望我能進佛堂接受祈福；但是孱弱不堪的身子，像是全身沒了骨頭、走路懸空的殭屍，必須兩三人攙扶我，非常沉重且緩慢地步入大雄寶殿。不料，一到大殿口，便昏厥過去，只能再被抬回寮房。

妹妹爲了照顧我，晚上與我同睡，根據她的描述，我的打呼聲有時像動物、有時像男人，她經常被我的打呼聲嚇醒。當時，每天夜裡，我都得喝上一千西西的水，但水一吞進喉嚨便立刻乾掉，就像把水倒在沙漠一樣。因爲喉嚨腫脹厲害，每嚥下一口食物，都疼痛難耐。這過程讓我想起瑜伽焰口經文描述餓鬼道衆生，其形枯瘦，咽喉細如針，口吐火燄，故需「放燄口」打開餓鬼的咽喉，以救拔他

儀式的目的是為了引領人跳脫平凡的意識狀態，從五濁惡世進入清淨解脫之境

們，這也是中元普渡的由來。

經書是古聖先賢、諸佛菩薩的經驗、心得總集，雖非憑空捏造，但人們如果只爲消業障、求福德而念，不求甚解，如何進得了「甚深微妙法」？最後，經書是經書，你還是你，念誦多少萬遍對改變生命品質又有何用呢？

眞的見鬼了

斯里蘭卡的強蒂瑪法師得知我的重病，特地到家裡來爲我祈福，他將很多條紅線綁在觀音菩薩的佛像上，另一端則綁在我的手上，用巴利文念誦佛經，我則昏昏欲睡，幾乎快要昏厥。

多位顯教法師也來探望我，但一看到他們從遠方走來，我便狠狠的瞪他們，甚至對他們吐口水。其中一位法師問：「你是廖文瑜嗎？你看著我念阿彌陀佛！」我很清楚聽到他說的每一句話，卻無法回答，反而忽大聲忽小聲、揶揄式的念阿彌陀佛……

另一位道士要來「處理」問題，我跟著他在家裡走來走去、東看西看，甚爲生氣地斥責他：「你看什麼？你給我坐下！」帶他來的朋友趕忙告訴他，現在講話的人肯定不是廖文瑜，她是一個很有禮貌的人……

怪病期間，每天打開家門，都是一陣令人起雞皮疙瘩的冷風。我也經常感覺左前或左後方有黑影纏繞。如今，生命有了軸心後，終於明白，從印度瑜伽三脈七輪精微能量系統來看，當時

◀印度極富盛名的滅除惡魔女神摩訶迦利

是嚴重的「左脈」問題，大家熟知的憂鬱症也是左脈嚴重失衡所導致。

最後一位靈媒到家裡勘查，一進房間，她全身起雞皮疙瘩，直呼：「這房間怎麼住人哪！」她要我們將房間淨空，人不要住在裡面，傢俱、被單全都扔掉。更嚴重的是，通靈老師說，不僅佛堂的主尊觀世音菩薩聖像入魔，家中收藏的所有佛像藝術品也無一倖免，必須全部燒掉。什麼？佛像也會入魔，這完全超出我們的認知。老師還警告，如果再繼續燒香禮拜，剛好餵養寄住在裡面的魔鬼。母親既震驚又不捨，這麼莊嚴的佛像竟然要燒掉!?

當晚，我正準備洗澡，突然聽到有人敲浴室的門，扣扣扣三聲，我以爲是風吹的聲音，沒理會；沒多久，敲門聲再起，這次敲得更大聲，但我依然沒理；到了第三次，門敲得更急、更大聲，當我正準備開門時，天花板突然傳來雷霆萬鈞、千軍萬馬的殺伐之聲，我還狐疑地看了天花板一眼。等我把門打開，霎時看見門口站了三個人，一個披頭散髮、大眼睛黑皮膚的女人，帶著兩個小孩，蓬頭垢面，衣衫襤褸，就像印度、斯里蘭卡那裡的難民。我大叫一聲，迅卽披上浴巾，從他們的身體中穿過去，衝上樓，大叫：「鬼啊——」

這一次燒化的通靈老師終於看見一位眼睛深邃、皮膚黝黑、身材高大的將軍現身。根據這位將軍的控訴，我在某一世曾經是斯里蘭卡國王，南征北討，發動許多戰爭，有成千上萬的人民因戰爭而亡；那世我曾殲滅了一個國家，所以跟著我回台灣的，是一個國家的子民……

拼湊衆多通靈老師所講出來的前世因果，可以得知那是發生在公元六、七百年前的故事，距今約一千四百年，也就印證了「不是不報、是時候未到」的道理，卽使千年、萬年，都要等到你。這一世，如果不是拍片的因緣，我恐怕也不一定有機會踏上斯里蘭卡。

但是，難道經歷一段因果故事，過去的冤業厄運，就能夠一筆勾消嗎？

「因果故事」也解不了的生命問題

我很好奇，腫瘤爲什麼長在脖子上呢？當時靈媒的回答是，因爲古時候戰爭不是砍脖子，就是把房舍給燒了，所以我的業報才會出現在脖子上，老師並指點拜『水懺』可消業障。

水懺緣起於唐朝悟達國師，他幾世以來都是很有修行的高僧，但因心生傲慢，讓往世冤親債主找上門，在他的膝上長了會說話的人面瘡，後經高人指點必須用溪水洗滌，才得痊癒。佛教裡的拜懺、放燄口，主要是透過誦經、拜懺、修福，迴向冤親債主，也等於爲他們超度，整個儀式意在教化大眾，造怎樣的因，就得怎樣的果。

這場大病讓我親身體驗到經書描述——鬼道眾生的喉嚨如火在燒的滋味，惡鬼道眾生咽喉細如針氈，無法吞嚥的痛苦；也從許多通靈老師的描述中，認識了好幾世的「自己」。

但是，一段又一段的因果故事，能夠徹底解決生命難題嗎？那麼多的版本，到底要相信哪一版，才能徹底解決我從十幾歲起飽受敏感體質折磨的苦呢？一直以來，我只要經過醫院、喪家或墳場、陰廟，身體就打嗝不停、頭痛、胃痙攣、甚至發高燒，送到醫院做各種檢查都沒有問題，只能打點滴舒緩症狀。有的通靈者甚至直接告訴我說，我就像一塊磁鐵，自動就會吸引無形眾生吸附。我可不想要一輩子都當那一塊吸附鬼魅的磁鐵啊！在心中暗自期許，一定要擺脫這樣無止盡卡陰的命運。

出乎意料的結論

後來，一位法師送給媽媽一瓶大悲水，媽媽一邊用棉花棒沾水擦拭腫塊，一邊持誦大悲咒。出乎意料的，囊腫自動爆開，終於能做採樣檢驗了。在這之前，即使脖子腫那麼大，卻抽不到任何汁液能培養化驗；如今，腫瘤卻自動迸開，實在神奇。

熬了四、五個月，醫院終於給出診斷結論：我得了肺結核。當時實在無法接受這個結果，覺得醫生根本是誤判，而且一旦服藥就必須持續一年，否則無法根治，所以我把醫院給的藥全給扔了。醫生覺得奇怪，爲什麼症狀都沒改善，病情也無法得到控制，我這才據實以告。醫師好言相勸，我卻怎麼都不肯吃藥，他只好使出殺手鐧：「如果不吃，就會像隔壁床的婆婆一樣，併發腦膜炎，每天晚上痛苦得大呼小叫！」

我嚇壞了，只好乖乖吃藥，不過始終認爲這些都是毒藥，所以每次都得把《藥師經》裡的護法金剛請出來，才把一大把藥吞下肚。漸漸地，病情有了起色，終於可以出院了。

▲向蓮師八變之一藥師佛獻上一朵長壽花，祈願病苦轉安康

當時的主治蘇維鈞醫師是胸腔科權威，對於結核病患者的心理及生理狀況都很了解。他說，我感染的是非常罕見的肺外結核，因爲年紀輕，所以結核菌很活躍，如果沒有併發出來而潛藏在身體裡，很快就會送命。治療期間，他總是不厭其煩的回答我所有的問題，甚至告訴我，他很慶幸能成爲結核病的醫生，有機會看著病人逐漸好轉，因爲這不是絕症。這些話既鼓勵我耐心走完一整年的辛苦療程，也支持我勇敢走向不確定的健康重建旅程。

上師不可思議的加持力

儘管右邊腫塊終於自動爆開，卻仍然不知病因，左邊脖子竟也腫了起來，我再度進了醫院，好在病情得到控制，但就是斷不了根。眞正告別榮總時，已經是二〇〇四年十月了，整整八個月都是在醫院裡度過。

二〇〇五年初，決定去印度拍八大聖地，因爲「佛國之旅」只剩下八大聖地還沒拍。蘇醫師極力反對，因爲右頸的傷口雖已得到控制，但左頸還有輕微腫脹，而且他認爲這個病就是在那裡被傳染的，還沒完全復原，很可能二度感染。我告訴他，身爲節目製作人，印度是一定要去的，何況八大聖地還是「佛國之旅」的重頭戲。他拗不過我，只好放行。於是我便帶了半個皮箱的中西藥出發，並做好心理準備，隨時可能打道回府。

屋漏偏逢連夜雨，原本計畫要去炎熱的八大聖地，但突然被領隊連師姐（現在已經出家，法號法竺法師）帶去寒冷的北印達蘭莎拉，拍攝達賴喇嘛主持的春季法會；不意外地，我再次不支倒地。幸好遇到當時也在達蘭沙拉的 H E Tsoserthi Rinpoche 作色赤仁波切，幫忙張羅禦寒衣物、暖爐等等，我才得以出門參加最後一天的法會，並打算法會後就搭機返台以免客死他鄉。幾千人擠在不算大的寺廟廣場，大家都很有經驗、有備而來，帶著厚厚的地毯、杯碗參加，只有我這個病危的菜鳥雙手空空，好不容易擠進會場，只能用屁股推擠前後左右的人，才勉強坐下；結果涼氣從地板直透身體，我只能用手撐住臀部保溫，還好旁邊善心的藏人分我一點點羊毛地毯，雖然破爛不堪，卻是當下最有力的支持，讓我不致於在法會中受凍。神奇的是法會結束回到旅館，再摸摸左邊的腫塊，竟然突然消失不見，脖子變平了！我只能說，當人有誠心，自能與上師感應道交，如有神助，奇蹟逆轉。

正信佛教不談鬼？

當時某大山頭高僧得知我染惡疾，而且原因竟是「卡陰」，他以非常不可置信的眼神對著我說：「我不相信

▼那些年在印度，無論有約、沒約，作色赤仁波切總在我苦難時出現，助我化險為夷。而 2023 年在台灣重見一面，卻是相隔十年，恍如隔世

有鬼，是因爲你說的，我勉強相信。」這個山頭一年三百六十五天大概有三百天都在辦法會，全世界百萬信徒年年月月都在「超度」歷代祖先、冤親債主，不知道他們如何定義那些寫在牌位上的衆生？

在我痊癒後，另一個知名山頭邀我去演講，上台前主辦人特別叮囑我盡量不要提那些「怪力亂神」的經驗，要聚焦在拜懺消業障的功德，因爲創辦人不喜歡信徒談這類主題，正信佛法也不應認同這種事情。但是，演講後下了台，家中有敏感體質、染怪病的信衆紛紛圍過來私下詢問：「燒化眞的有用嗎？……佛門不談燒化怎麼辦？……能否介紹通靈老師？」

寺院道場固定時間都要超渡歷代祖先、冤親債主，請問這些是不是鬼？超渡到底有沒有用？超渡、懺悔的眞諦又是什麼？遇到那些現代醫學沒法治療的怪病怎麼辦？當你那麼虔誠禮懺、甚至散盡家財……都沒法解決這些疾苦時，信仰最終在支持你的，又是什麼？

在聖地被鬼壓床

僅管路途艱辛，拉車長達十小時，但佛陀的八大聖地是許多佛弟子一生當中必定要去朝聖的地點，尤其是佛陀成道聖地——菩提伽耶——更是聖地中的聖地，重點中的重點。二〇〇五年在印度襖熱乾旱的三月天，我們來到這個小村莊。村民用泥巴砌牆，小朋友用樹枝刷牙，路上許多婦女頭頂著剛汲取來的井水……我們彷彿穿越時空回到中古世紀，時間在這個小村莊凝結了。把我們這群闖入者，吸入一種專屬於印度的黏稠、緩慢得不能再緩慢的流動、一切思維都靜止的狀態。

好不容易抵達下榻旅館，這裡有花園、餐廳，和沿途見到的景象恍若兩個世界。正準備好好睡一覺，床鋪開始天搖地動，我想翻身，身體卻像被釘在床上般動彈不得。我想念佛，嘴巴也打不開來。當時的領隊——連師姐（現在已剃度出家，成為法竺法師）似乎聽見我的騷動，趕緊搖醒我，我跟他說這裡有鬼，我們必須換房間。三更半夜兩人在整棟旅館換了三次房間，才終於入睡。

一大清早準備起床，前往佛陀成道的正覺大塔採訪拍攝，無奈身體完全動彈不得，儘管意識很清楚，但就是下不了床。這麼神聖的地方，爲什麼有鬼？敏感體質的我，這一路以來所遇見的鬼不勝枚舉。在柬埔寨看見一身白衣、白褲的越南女子，騎著腳踏車來問路。在恆河被當地某一任國王鬼壓床，我看著他從牆壁上掛著的畫像往我的方向飄過來。更不要說，在斯里蘭卡染了那一場幾乎要被鬼魂折磨致死的怪病。

當時我以爲，既是最神聖的地方，自然也是最黑暗、無明的幽靈會聚集的地方，因爲他們也渴望在聖地被超

▼受到內在不安、苦感的驅策，我們做種種功德、超薦，但內在真的安心了嗎？

▼在所有聖地點燈、供養，雖然是我認為理所當然的事，但終究是「有所求」的妄想

渡。但我不懂的是，這些鬼魂找我何用，我又不是大法師、也沒有法術，幫不了他們啊。

爲體質敏感受苦

事實上，我從小到大體質敏感，外在環境一點點風吹草動、人多雜處、食物不夠乾淨、房屋氣場不對……我的身體就像實驗試紙，三秒鐘直接反應出來。有時起雞皮疙瘩、打哈欠、頭昏甚至不斷打嗝。有一次吃到不潔食物，才一口就上吐下瀉，同桌朋友吃得津津有味，結果半夜所有人都送急診，驗出是食物中毒，只有我一人倖免。

體質敏感讓我深受其苦，靠近夜市、墳墓、宮廟、醫院……就會頭昏腦脹，打嗝不止、或者不慎摔跤，甚至發燒不退。有一次參加大型短期出家修道會，睡在寺院的寮房，半夜也被鬼壓床。在佛陀成道的菩提伽耶被鬼壓到起不了床，至於在斯里蘭卡染怪病，可說是這些敏感反應的放大版。

脖子長腫瘤怪病後，我的體質變得更加「敏感」，連到醫院上個洗手間、到溪邊戲水……都會「卡陰」。通靈的老師說，我已經像磁鐵，那些眾生有集體吸附性，自然會卡上我。在那個階段我唯一能做的就是不斷誦經、燒化。

我很疑惑，道場不是有龍天護法鎮守嗎？爲什麼鬼可以跑進去呢？佛陀成道的聖地不是很神聖嗎？爲什麼我會被壓到全身動彈不得？拍攝佛國之旅不應該有龍天護持嗎？爲什麼會染上惡疾？我難道一輩子就要不斷驅鬼、燒化過日子嗎？

超薦法會到底有沒有效？

父親已去世三十多年，我們全家也因爲要爲父親超渡而進了佛門。三十多年來，母親爲父親參加了無數次的超薦法會，做各種名目的「功德」。幾年前我卻做了一個怪夢，天空昏黃、風雨交加，父親的棺木正準備下葬，我哭得肝腸寸斷，分不清雨水還是淚水，我心痛得驚醒了過來。父親已去世幾十年，母親又做了那麼多的超薦法會，累積了那麼多「功德」，他早該投生了，怎麼我還會做這麼怪異的夢？

我請教了通靈老師，他在靈視中看見父親仍在陰間受苦。我們必須爲父親舉辦一場只爲他個人的超渡法會，因爲他根本從不去參加那些大型法會，原因有二：一、這個人的性格，如果生前就很「鐵齒」、不信鬼神，死後性格如出一轍。二、一場有效的法會，需要有力的主尊及具格法師主法，否則就只是徒具形式地叮叮噹噹熱鬧一場，毫無功德力可言。

不僅是那個夢境，事實上，儘管父親已經去世幾十年，但我的身心卻經常受到莫名的影響，最嚴重時我甚至可以看見父親出現在家裡的某個地方，使家人深受困擾。甚至在那一場爲他個人舉辦的三時繫念法會，我在跪拜的過程中幾乎要昏厥；老師告知，因爲爸爸特別鍾愛我，就在我身邊徘徊不去，我的體質敏感承受不住。

種種奇特的發生和巧遇，使我對「生命」這個主題好奇不已。

也因爲親身經驗，才知道原來「超薦」不一定能成功，「度亡」不是鏘鏘鐺鐺的法會熱鬧一場能成就的。難怪世上有這麼多不安的靈魂，唉，別說是亡靈，就算是活著的人，你感到安穩嗎？但，說穿了，無論陰界或陽界，東方稱之爲「氣」的作用，西方稱爲「量子糾纏」；不同文化各有不同的理論架構與表述方式。唯有**掌握生命主軸，從內在自然升起穩定感，才不會淪於枝微末節的探索，浪費時間做無謂的努力和掙扎**。雖然如此，我也是走了將近三十年，才終於認清「眞相」。

潔淨潛意識能量，根除病源

根據我多年的經驗以及能量法則，是案主「意識」的高低，決定他會遇到什麼程度的通靈老師，從幼稚園到博士等級都有可能，你頂多只能祈禱自己有幸遇到一個比較高明的老師，把你引導到比較高的意識層次看待正在遭遇的苦痛，否則就只會困在——因果、還債……無止盡的輪迴故事中。雖然認識了自己的前世因果，能暫時從自憐或痛苦的處境轉移；但是，憤怒、悲傷、挫敗、無價值感……各種情緒感受，以及遭遇的種種困境，其實都跟自身「三脈七輪」能量體失衡有關，聽因果故事就好比去旅行、看場電影、做spa放鬆一樣，只是讓人獲得短暫轉移放鬆，時效性很短，原來的症狀很快就會再恢復，因爲那麼做只是在「表意識」作功夫，「潛意識」底層依然暗潮洶湧。

直到我更深入探索生命，了解到一個人其實不只有肉體，還有更精微的能量體，如果用地、水、火、風、空五大來說明，肉體屬於土元素，情緒體屬於水元素，在肉身體生病之前，屬於水元素的精微體——情緒體，可能已經失衡許久了。根據研究，百分之七十以上的人會遭受情緒對身體器官的「攻擊」，心理壓力會透過交感與副交感神經系統，影響人體的免疫系統、內分泌、內臟、肌肉骨骼。健康心理學研究發現，長期心理壓力所引發的身體疾病很多，如：胃潰瘍、腹瀉、背痛、心悸、偏頭痛、感冒、磨牙、荷爾蒙失調、免疫力自體攻擊……都是心理壓力太大可能導致的身體疾病。所以，有些身體毛病去醫院不一定檢測得出來，但患者就是經常感到不舒服，如果能淨化平衡精微能量系統，就有機會輕易解除身心不適的狀態。

從三脈七輪精微能量系統來看，我患的病灶在脖子——喉輪。一般人只知道喉嚨是用來吞嚥食物、說話等物理層面表現，然而在精微能量系統中，喉輪是表達力與創造力的源頭，一個人對自己或外在環境、人事物的種種不滿意、罪咎感、自責、指責他人……，都聚積在喉輪。當喉輪能量失衡，會影響表達創造力，而反應在肉體層面則是甲狀腺亢進、腫瘤等喉嚨周邊相關的疾病。除非你認爲

▲人體脈輪能量示意圖

◀人人內在有個七級靈山塔——七個脈輪，不致力於此，一切功德就沒著落

自己潛意識沒有壓抑累積任何情緒壓力感受，只是單純的身體出問題；否則，就算幸運地解決肉身體的病痛，隱藏在潛意識的根源性問題依然會時不時作用，只有清理精微能量系統之後，才有機會斬草除根。

燒化是交易，不是佛法

我是天主教學校長大的孩子，喜歡祈禱、唱聖歌，更喜歡在聖誕節扮演報佳音天使，耶穌基督的愛，早在幼時進入我的心田。因爲父親驟逝的因緣，才接觸佛法，而且當時還是從理性的「義理」入門，而非感性的「信仰」，認爲佛像只是讓人藉假修眞的象徵。沒想到，二十多年後，因爲自己卡陰的經驗、以及一場父親的法會，讓我進一步認識到佛像可不只是裝飾或藝術品，當人運勢低落、甚至卡陰時，佛像不但全失了神力，還可能入魔；更遑論徒勞無功的超薦法會。

但，敏感體質的問題始終困擾我，老師說我像磁鐵，容易吸附亡靈，我可不想要一輩子在燒化、永無止盡的修法！這個難題眞正的出路在哪裡呢？我很好奇。

方外朋友介紹一位老師，據說她當時的頭銜是——觀世音菩薩靈媒。我一進門，他早知道我的來歷，首先指出我的病灶未除，並且痛斥我學佛這麼久竟然不懂燒化只是一場交易，因爲無形眾生喜歡那些，所以人們就投其所好，它知道你會給，當然要跟著你，才會永無止盡。

當年我在職場仍非常活躍，拍片、寫書、演講行程滿檔，老師義正嚴詞地告誡我那些都只是

千手觀音就是心輪的力量，不回到自己內在的心輪，只求著外在的觀音，不是捨近求遠嗎？

表層，那些活躍和熱情是被「妄心」催動而生，貪求外界的認可、讚美，貪自己的成就，全部都是「貪、嗔、癡」，不是眞正的熱情。因爲貪，所以不懂得量力而爲，做太多超越自己能力所及的事，最後才會走到疲憊不堪、心力交瘁。

很感恩老師當時對我的訓斥與教誨：

「人世間沒有真正的快樂，會生滅的都是妄心，就算『一心不變』也是妄心。我們要修的只是淨化妄念和執著。」

「我們所受的苦都不空過，如《心經》所講：不垢不淨不增不減。要相信本來自心清淨，一定要依止它。依止就有力量。所以，要淨化的就是這個被外境所污染的心，我們只是在淨化人間的執著和幻念。」

「拼圖只剩下最後一塊！一定要負起責任，不再流浪。現在最大的禪修就是『聖默然』。未來，你將以『法』度眾生，找尋真正的智慧……諸佛菩薩離一切想。」

如何才能離一切想？

年輕的心，想的可多了，愛情夢、事業夢，怎可能不想？

如何淨化妄念和執著呢？

如何依止才有力量呢？

聖默然又是什麼樣的境界呢？

跟著老師學習大約兩年，有一天他突然說，觀音菩薩決定收我爲入室弟子，法名「觀澄」，菩薩還用了一句偈語「觀因明果萬里行，澄心願力非思想」作解釋。那是發生在二〇一一年的故事。

儘管被收爲入室弟子，又被耳提面命要「離一切想」，但凡心未泯，總愛問運勢、事業、愛情。有一天，老師極嚴厲回答我：「菩薩是要教你修行，不是要你一天到晚問這些俗事。你以爲被菩薩收爲弟子從此就可以吃香喝辣了嗎？錯！菩薩會把你『擰』得乾乾淨淨。」當時老師雙手像在擰毛巾的手勢，至今仍鮮明無比。

二〇一二年老師突然往生了，好不容易才剛開始要學習不貪功名利祿，淨化執著和幻念，卻無人可教導，令我傷心不已。然而做爲觀世音菩薩的入室弟子，我的「煉淨」旅程，其實已經悄悄展開。

▼「煉淨」的旅程一如在枯井中汲水，常人會質疑：既是枯井怎能出水？但，如果那是來自上天（神）的引導呢，那就非常人所能理解了。何況，修行是要一步一腳印去實踐，而非只停留在理解

▲斯里蘭卡佛牙寺因供奉佛牙舍利聞名於世，需在特定時日、歷經三道鎖關卡，才能進入頂禮供奉佛牙的金色舍利塔

▲斯里蘭卡的佛牙節

▲我在斯里蘭卡的樣子其實已有病容

是靈魂伴侶還是業力伴侶

大學時爲了湊學分，跑到社會系修了一堂課，好像是「婚姻與家庭」，一學期只要在期末交一篇報告：「你如何籌備婚禮？」不能憑空撰寫，必須要面見雙方父母、試穿婚紗、拍照，紀錄整個過程所有的發生及心得。記得當時我找了哲學系的學長來配合演出。寫到這裡，才想起小時候父親曾說，大學千萬不要去念哲學系，那是頭殼有問題的人才念的系所。父親萬萬沒料到，我的確沒去念哲學系，但卻因爲他的驟逝，引發我踏上「尋找生命究竟出口」的旅程。

父親在天之靈，是否對我走上比哲學更哲學的命運感到荒謬呢？

是的，人生本來就很荒謬。

除非你——醒來！

尋找靈魂伴侶的迢迢長路

「妳的身邊不會有伴侶的，因爲妳的母親沒有，妳自然會複製她的命運。」一位治療師對我說。爲什麼我只能繼承、複製母親的命運，難道人就只有宿命論一途？因爲靈異體質的因緣，我認識很多奇人，最常聽到的說法就是——因爲妳是帶「天命」的人，所以感情路比較崎嶇。

「某一世，妳是某邦的國王，人民都愛戴妳，妳受不了那些傳統的繁文縟節、傳統的制約，在一次祭典中，妳逃走，跳進河裡……妳臨陣逃亡，對不起那些愛妳的人，所以這一世妳總是遇到突然消失的愛人……」

在一次家族排列治療中，我一樣拋出這個難題，排列結果出乎意外，那些愛人們（男主角）都沒移動，是代表我的那一位女主角，自己不斷地逃離愛人。看到那一幕，我當場激動拍地板、哭訴吶喊：「這，不是眞相！」因爲，我的切身遭遇就是他們一個一個都突然消失。

轉山轉水轉經輪，只爲與你相見

「相逢是命，相識由意，相愛由緣。離別是痛，重逢是苦，超越心田是幸福。」某位老師二〇〇六年送我這首詩偈，當時我正陷入遠距離的異國戀情，痛苦得無法自拔。

數十年上山下海旅行、採訪、拍片，尤其是「佛國之旅」、「達賴喇嘛紀錄片」等影片的拍攝地點，都是在遙遠偏僻的高山，我心裡有數，每一個相逢都是第一次、也是最後一次。二〇〇五年，我踏上了一個特殊的國度，在網路不盛行的當年，地圖上幾乎找不到它，資料也非常零星，而我，竟然在對它幾乎一無所知的情況下，轉了好幾班飛機抵達了。

猶記得那是一次非常漫長的旅程。我們已經在印度拍攝四十多天，天氣酷熱難耐，該國是行程的最後一站。其實，高低海拔相差三千公尺，天氣忽冷忽熱、忽乾忽濕，我和攝影團隊、甚

即使躲到喜馬拉雅山人煙稀少的最深處，業力也會找到你。

至連攝影機都精疲力竭到當機，但仍要咬牙走完全程；尤其要取得該地的簽證非常困難，絕不能放棄。豈料，從印度德里飛往加爾各答的班機，不知何故，坐上飛機之後好幾個小時就是不起飛，幾百位乘客被關在密閉無空調的故障機艙，起先機組員只是廣播說空調有問題將延遲起飛，但好幾個小時過去，卻依然不動，乘客們開始躁動，有人去踹機長室的門，要求給交代，就這樣雙方僵持了將近十小時。飛機內嚴重缺氧，讓才剛大病初癒的我，幾乎要叫救護車。另一方面又極擔心，萬一來不及接上隔天清晨起飛，且一天只有一班次的飛機，那肯定完蛋了。就在身心俱疲，波折不斷的轉機過程中，我們一行人終於抵達喜馬拉雅山裡的小山國。

該國文化部派了幾位代表來接機，我因爲在印度已經被整得昏頭轉向，一上車立刻嚷嚷：「AC AC……」（請開冷氣）。他指著汽車中間只剩空洞的冷氣孔回：「妳看——這部車沒有裝冷氣。」

▲要等到千山萬水將身心洗滌通徹之後，人們才會回頭「看見」愛的神秘

我的腦袋瓜八成還留在加爾各答的炙熱難耐，立刻不耐煩地說：「怎麼可以給我們一部沒有冷氣的車，往後拍片怎麼辦？」

他耐心笑笑的回：「妳可以開窗，窗外就是冷氣，很涼、很舒服。」果然，窗外微風徐徐，還夾雜著稻田與酥油的香氣，大家都笑了。

他手上拿著厚厚的一疊資料，很認眞的跟我解說超過十張的拍攝許可證，包括國家文化部、宗教部、觀光部……以及各行政區的拍攝通行許可……得來多麼不容易。因爲當時該國政府規定入境拍攝一天要五千美金，「算算妳省了多少費用？」他說。而我因爲歷經印度轉機周折、加上已經旅行一個多月，身子疲乏、腦子幾乎轉不動，即使得到該國政府這麼大的支持，卻連笑的力氣都沒有，只好尷尬告訴他：「無論如何，我需要小睡片刻，否則腦子轉不動，無法跟你對話。」狼狽的初相見，完全沒有來電的感覺。

山路蜿蜒崎嶇，要使勁地登上三千公尺的隘口，再沿著陡坡緩降到七百公尺的谷地，繞山路的車程並不輕鬆。但抬頭便能仰望藍天白雲，放眼望去盡是綠油油的森林和藍色的溪谷，瀑布流水推著轉經輪，山脊上處處飄著五色經幡……足以讓人忘卻沿途的艱辛。

他外景團隊大家幾乎朝夕相處的，日出而拍、日落而息，我身兼製作、主持，壓力特別大；他雖然聽不懂中文，卻似乎很懂我的心情，總能適時幽默風趣地化解我的嚴肅和焦慮，甚至爲求拍攝完美的種種無理要求。一整天高壓工作下來，每天晚餐後跟他散步聊天是最愉悅的時光。

天下無不散的筵席，離開該地的最後一夜，我們在森林小徑散步聊著，我抱怨採訪的半個月

▲年輕時以為的浪漫——轉山轉水轉經輪，只為與你相見；現在看來真是荒謬

氣候不佳，導致畫面不夠美。我們在拉達克拍片時，因爲天氣好，每天都能欣賞月光、銀河星空……他問我：Do you know why？Because they are jealous us.——妳知道爲什麼嗎？因爲星星月亮都忌妒我們了！

當時我以爲只是一時燈光美、氣氛佳，他脫口而出罷了，何況明天一早我就要回台灣，這輩子應該再也沒機會到這裡了。沒想到，從此卻展開了一段上窮碧落下黃泉的遠距之戀。那還是MSN的時代，小村莊只有幾台電視，收發一封email則要等二十分鐘以上，我竟然一天之內收到他寄來好幾封email，他是整天坐在網咖發信，啥事都不必做了嗎？

我努力壓抑頻頻來敲門的愛情，理智說服自己：不應該發生這樣的戀情，這不會有結果。我不斷回絕他，但他始終不放棄。

「愛就是愛，那是自然，請不要逃避……」

「從妳離開之後，我什麼都看不見，什麼都

異國戀情曾使我痛徹心扉，也令我醒悟愛的真諦．攝影 王慶中

聽不到，眼裡心底只有妳……」

雖然台灣和該國地理上的距離不遠，但是簽證困難、班機稀少，種種客觀因素使得見一面根本是天方夜譚。

一年後的秋天，我們終於相約在印度大吉嶺。我從印度德里飛過去，而他則要坐上好幾天的巴士，越過邊境，再換車到大吉嶺。滿心期待大吉嶺之約，但當我已經抵達印度德里時，他卻突然發簡訊說因爲身體不適，無法前去，要我別再等他：「回家去吧！」從此，音訊全無。

突如其來的訊息，我幾乎不敢相信，更不願意離開印度，好不容易我就在你隔壁，我們卻無法相見。於是我開始在印度流浪，從瑜伽聖城Rishikesh，遊到沙漠拉賈斯坦，再沿著恆河往上游溯源。由於這並非原本的旅行計畫，只能在當地隨便找一本Lonely Plant研讀一下（註：當時手機、網路還不流行）。心情不佳最愛找算命師，還記得當時只是隨意翻書，看到拉賈斯坦有幾位有名的星象專家，於是去找了一位距離我最近的婆羅門，打了電話、預約了時間，就去找他「解惑」。

這是一位身穿白衣的婆羅門星象專家，門庭若市，想必是當地的名人。他把我和友人請進辦公室，便開始解說星盤。但似乎找他的客人非常多，所以他始終忙進忙出，並禮貌的邀請我們明日再續，他願意再詳談，並當我們的臨時嚮導。

體質一向敏感的我，晚上睡覺狀況特別多，壓床、撞鬼、變聲說夢話……故事很多。當晚睡到一半，我感覺整個床鋪搖晃得厲害，清楚看見白天在占星師辦公室牆上掛著的他上師照片，我大喊：地震！把友人嚇醒了，在此同時手機簡訊也跟著響，我多渴望那是殷殷期待的愛人簡訊，沒想到竟然是早上剛見到的婆羅門占星師發來的訊息：「我的上師說我跟你有緣，我不知道這一世如何，但我下輩子一定要（want）你！」喔！我的世界還不夠亂嗎？我是去求解惑的，沒想到現在更迷惑了。

這一次，沒緣與愛人相見，身心俱疲、萬念俱灰回到台灣，幾乎天天以淚洗面。再加上自從節目榮獲金鐘獎後，樹大招忌，慘遭資方有心人士鬥爭撻伐，爲完成最後幾集，必須用強烈的理智撐起脆弱的情緒，不讓自己倒下。最後，罹患憂鬱症，不想踏出門，不想跟任何人說話，經常在半夜痛哭、無法自已。

一天半夜，剛好看到自己做的重播節目，往日情懷浮現，內心悲痛不已，止不住的淚水，整個人從沙發跌到地板痛哭失聲，哭到忘我、覺得地球停止轉動、時間也凝結了……不知過了多久，原本止不住的淚水，好像黑膠唱盤的唱臂突然被提起，霎時突然停止哭泣。還來不及回神時，一股清晰的意識流，像是來自上帝或眞神的呼喚，我趕緊從地上爬起來、坐上書桌、打開電腦，認眞的「聽打」起來，從那時起，我開始多了一項能力——「與神對話」。

祂說：

「妳所經歷的痛和苦我們都經過，我們知道妳心裡難受，但這一切終將會過去，妳會變得更堅強、更有力量。這個人不是妳的靈魂伴侶，他的出現只是要妳體驗何謂愛？現在妳經歷了、妳了知真正的愛是什麼？妳將來才能把這份愛傳出去。

▲在純粹意識尚未醒來之前，眼裡看出去的世界，幾乎都是內在創傷或匱乏的投射

世俗的愛，膚淺而短暫，只有和神性結合的愛才是永恆。真愛不求回報，真愛也不是犧牲，但它卻真實存在，所以他才會說和妳在一起像孩子回到母親的懷抱。母親對孩子的愛毫無條件、沒有交換利益，這才是真愛。妳以前經歷的愛情全都是世俗之愛，那不長久；唯有進入神性的愛才是大愛，這份愛源源不絕、歷久彌新。妳將來也會遇到一個這樣真懂愛的人。這位先生只是外表看起來空靈，但他內心深處充滿恐懼，能量不夠純淨，他和妳不配。

妳的他廣大、有才氣、寧靜、自然散發源源不絕的愛，那樣才是所謂的靈魂伴侶。妳不是一直在追尋靈魂伴侶嗎？現在讓妳懂得什麼叫做靈魂伴侶？靈魂伴侶是無論兩人身在何方，心都同頻共

振，那是妳所謂的交融、生命共同體……妳無須多說、他無須多做，妳們彼此都明白對方的愛與存在，那才是美好的愛。以前妳對愛情有錯誤的認知，喜歡淒美的戀情（受瓊瑤戲劇的影響）。然而，真愛會感到圓滿，不會有遺憾。妳現在心裡的遺憾也不真實，那是妳自己對淒美愛情的投射，因為妳內心深處喜歡淒美浪漫的愛情結局。人生要追求圓滿，不是追求淒美浪漫，浪漫不能當飯吃，圓滿才能幫助自己、還能幫助很多人。

▲在脈輪能量未清理，心智未圓熟前，所理解的「圓滿」，只是頭腦想像出來的產物

我知道妳現在心裡有很多缺憾，那些缺憾很多都是妳累世的印記，我們會幫助妳慢慢淨化內在的悲傷、恐懼和無奈，像剛剛那樣大哭一場也是一種淨化儀式，妳哭的時候便是一種釋放，我們都跟妳在一起，不必懷疑。

然而，累世的印記需要療癒、需要時間才能慢慢撫平；然後，妳將升起無限的力量去做我們要妳做的大事。不要一直覺得自己渺小、不要小看自己，我們不會看錯人，這不是安慰妳，真神不打妄語。為什麼要妳經歷「佛國之旅」的一切，還有這一段讓妳痛苦萬分的感情，都是為妳將來要做的事情鋪路，妳是做大事的人，而妳做的大事和一般大老闆的大事又不相同，他們賺世間財，妳則是要傳遞神的信息，轉化世俗人的意識。如果妳不懂什麼是真正的愛，如何準確得把我們的旨意傳給人？

為了賦予妳這個神聖的任務，我們必須讓妳經歷這一切，這段時間妳分不清楚日月時空，正是靈魂的快速成長，要知道真神的世界是沒有時空隔閡、妳的感覺正確，不是妳心裡有問題。人類對時間的感知是直線，時空之於我們（神）是「無限」、「永恆」。

妳以前在電視節目「佛國之旅」所說的旁白，幾乎都是讀書來的；將來妳在節目上或演講時說的話都是妳親身經歷，那將更加撼動人心。在這個混亂的時局，我們必須藉助妳，因為妳純真無暇又有一股拼勁兒，能夠確實傳遞我們的信息。這個世局的人類太需要愛了，但他們跟妳一樣不懂什麼是愛。妳是我們千挑萬選要訓練的人，為什麼不找宗教人士？因為他們太多框架和束縛，他們許多毫無社會歷練、情愛經驗就剃頭出家、徒具形式，那些不是我們的候選人。

而妳，不一樣，妳自小失去父親、成長過程中和母親衝突不斷，卻在紐約達賴喇嘛的法會真誠對母親懺悔，這是很不容易的事，孩子！我們以妳為榮。我們沒有看走眼，傳遞高等意識信息，無法藉由徒具表象的宗教人士，何況妳們台灣現在的宗教人士素質參差不齊，他們忙著蓋道場，哪有時間跟我們（神）相應？唯有透過妳的筆和口，才有機會傳遞生命的真諦，不要小看自己的能力。

我們當然也不會去挑一個富家千金來做這件事，就是要找像妳這樣，歷經生離死別、愛過、痛過、被陷害還能放下怨懟的人，來進行這項人類集體意識提升計畫。K先生不是妳的靈魂伴侶，妳有一個很棒的靈魂伴侶，他一直在等妳，只是妳一直把希望放錯對象。妳今天流的淚和這一切經歷都不會白白浪費，將來妳會知道這一切的發生不但不是莫名其妙、而且是生命最美妙的安排，這是我們送妳的禮物，現在妳哭著罵我們、質疑我們，將來妳要跪下來跟我們感恩妳生命的美好。

妳在「佛國之旅」片花的第一句話說：「如果生命的緣起不是偶然，那麼我來自何方？是天空漂浮的雲彩？還是海水中的浪花？尋尋覓覓忙忙碌碌，迷一般的人生如何找尋一個究竟的出口？」這是我們給妳的靈感，當時妳的體驗應該不會比現在深刻吧！最後，送給妳「色戒」電影片尾那顆石頭刻的銘文：「人如何能夠使一滴水，永不乾涸？將它拋向大海！文瑜，妳不是小水滴，妳是大海！」

從二〇〇七年十二月十九日起，我展開與神對話，那是在極度悲傷下的短暫快樂時光，足以平撫當時脆弱無比的心靈。如今再回首，著實感恩這股「偉大的力量」一路的陪伴、療癒與教導。我也在憂鬱痛苦的七年後，二〇一四年遇到了我的靈魂伴侶，眞神果然不打妄語。

剪不斷的高山奇緣

二〇〇七年原本相約在大吉嶺的K君，就在約定日前兩天，臨時告知身體不適，無法長途跋涉到大吉嶺；從此消失，讓我傷心欲絕，憂鬱、甚至突然通靈。

那段時期我雖憂鬱，但工作邀約不斷，經常出入世界各國，幾年就要換新護照。一次在一個靈性團體上課，幾百人的現場，不知爲何眼神突然與鄰桌的一位陌生學員四目相望，進一步相談才發現，兩人不但曾經是同校學長學妹關係，更因爲彼此都曾遭遇被宗教團體鬥爭的經歷，而惺惺相惜。但我因前一段受創感情尚未療癒，無心新戀情。沒想到他老兄A竟然搭著飛機，追著我繞著地球跑，印度、尼泊爾、不丹、美國……只好眞把他當一回事。就在戀情剛萌芽，我突然要進喜馬拉雅山拍紀錄片，接著就是四十天沒水沒電，不需要用到錢包，衛星訊號發射

印度因曾被英國殖民，山城大吉嶺尤其充滿英式風情．攝影 王慶中

不了，以天爲幕的那一段旅程。

失聯一個多月後，千辛萬苦、好不容易翻過十幾座山，終於抵達三千五百公尺、有水有電的小村莊，那時手機也才有訊號。奇怪的事發生了，一個多月來接不到任何來電，才剛有訊號，竟然出現同一長串電話號碼、未接來電高達一百多通，而且就只有這同一個號碼的未接來電。我問導演他的未接來電是否也跟我一樣？或許那一長串只是轉接站號碼，但是，導演的未接來電都是正常的台灣電話號碼。

當晚，終於住到有水有電的小旅館，而且能夠對外通訊，我趕緊打給追著我繞了半個地球、失聯許久的A君，沒想到電話那一頭，口氣竟冷漠到像是我打錯電話一般，後續的發生，你猜得到的…漸行漸遠……再度印證，複製了母親的命運，身邊留不住伴侶。

基於好奇，我又回撥了那一長串的未接來電，鈴聲忽遠忽近、忽高忽低、雜訊不斷……電話那一頭傳來既熟悉又遙遠陌生的聲音：

「你在哪裡？我在距離你很近的泰國，我們見面好嗎？」K說。

五千公尺的高山並沒讓我天旋地轉，此時，我到底置身何處？我還活著嗎？「我不在台灣，現在所在地，只要翻過幾個山頭就能到你的國度……」我回。

命運，總是如此捉弄人嗎？永遠只能遙遙相望……

數不清多少回，我騎著馬走在三、四千公尺的山巔水涯，轉身便是深不見底的懸崖峭壁，我在心中問自己千百次：爲什麼要來這人跡罕至、沒水沒電、騎馬騎到屁臀都要裂開了，忍受飢寒交迫，甚至還要冒著摔落山谷的生命危險？

我在尋找生命究竟的出口嗎？我隨著成道者的足跡、上師的步履，翻山越嶺，禮拜每一座高聳山頂的舍利塔，在蓮花生大士、密勒日巴的修行洞穴裡靜坐，轉動千百個寫滿經文的轉經輪，甚至爲生不逢時、沒跟上佛陀正法年代，哭倒在佛陀涅槃場。我用鏡頭記錄每一個聖地的神聖，用文字寫下它們不朽的傳奇，在高山譜下淒美浪漫的愛戀，也在求道旅途中找尋愛。我以爲只要成爲佛弟子，走向靜心的旅程，便不需要世俗之愛，我們要的是「出世間的永恆之愛」！直到他告訴我：Love is love. Love is nature. 他，爲伊消得人憔悴；我翻

為了愛？還是為了道？竟然在喜馬拉雅深山浪跡天涯十多年歲月

山越嶺，原來只爲了與他相會。當愛發生時，無論誦經、打坐、磕頭、大禮拜、大懺悔……每一個念頭都只有愛人，愛情的力量無人能擋。

因爲，許多大師、瑜伽士都在喜馬拉雅的山洞成道，我以爲去到那裡就能遠離塵埃，找到內在眞正的寧靜，得到上師與聖地的加持，遠離苦厄，直達永恆之境。我不正是爲了追求淸淨上師的成道之路，才自二〇〇三年起，從台灣出發，浪跡天涯，從韓國雪嶽山、到印度靈鳩山，再貫穿印度、尼泊爾、不丹、錫金等地的喜馬拉雅山區。搭乘的交通工具從汽車轉山、直升機飛越山國、到騎馬走在山崖峭壁間，甚至在陡峭的山路，徒手雙腳艱難前進。但我卻在這麼原始蠻荒之地墜入情網，我的淸淨旅程在四五千公尺高山中，硬是被凡庸的男女愛情打回原形，我到底在追尋什麼？我眞的熱愛淸淨嗎？

想起了六世達賴喇嘛傳世經典情詩：

那一夜，我聽了一宿梵唱，不為參悟，只為尋覓你的一絲氣息。

那一月，我轉過所有的經輪，不為超渡，只為輕撫著你的指尖。

那一年，我磕長頭匍匐土塵，不為朝佛，只為貼著了你的溫暖。

那一世，我翻遍十萬大山，不為修來世，只為路中能與你相隨。

那一瞬，我飛升成仙，不為長生，只為佑你生生世世平安喜樂。

如果是你，守住六世達賴的頭銜重要？還是做眞正的自己才重要？沒有經歷寂寞、孤單、心酸、狂喜，如何能穿越幻象，與自己相遇，成爲眞正的愛人呢？

「每個人都在追求圓滿，可惜世俗的一切都無法讓人得到真正的滿足，唯有和神性結合，才有機會品嚐滿足的滋味。」高等意識對我如此說。

六世達賴喇嘛寫的是他的愛人？還是他的佛？或者，他的愛人與佛根本沒有差別，都是同一個？但我看到僧團更大的問題是：如果愛是天性、也是生理，那靠戒律壓抑、克制慾望，無疑是助長慾火。一個求道者、修行人到底能不能愛？該怎麼愛？佛弟子所仰望的佛陀，他不也經歷了結婚、生子，才出家求道嗎？人們到底在撻伐什麼？那個不能被看見、被討論的集體制約是什麼？

我曾經採訪許多仁波切、瑜伽士、靈性大師，每個人都教導——至高無上的秘密不需遠求，就在我們心裡。我也曾經以此為標竿，禮佛、誦經、打坐、朝聖、親近善知識，盡一切所能降伏內心的雜念與欲求，這些努力，在那當下的確能得到短暫的清涼與解脫。然而，一旦下山、回到滾滾紅塵，或是夜深人靜孤獨一人時，寂寞悲傷的情緒全湧上心頭；不被愛、渴望愛的感覺，始終沒有被滿足。內心深處壓抑的空虛、煩惱、寂寞、悲傷……像陰魂般不時竄出，內心始終有個填不滿的坑洞。

其實，每個人身上都掛著一個有漏的缽乞討愛。缺少母愛，或依戀母親的男性，他最終不過是找到跟媽媽類似的另一半；反之，缺少父愛的人則試圖要從伴侶身上找回失落的父愛。儘管起初的確是情投意合，但最後能常相廝守的實在少數，要不就是對方給不了你需要的，或是伴侶給的再多，都無法填補內心原始的坑洞。我們以愛之名，行要求、填補之實，愛變成枷鎖，愛使兩個人不再自由。於是關係從甜蜜走到負擔、爭吵，最後分道揚鑣；結婚、離婚、再婚，不斷更換伴侶，就是無法跳脫重複的生命劇碼。

有些人因爲找不到完美的伴侶，便將這份缺憾投射到「外在形象」的上師、傳道者身上，以爲上師能彌補他們內心對完美的渴望，所以這個被投射的角色得要是「神聖完美」的形象。如果修行有成，的確能自然散發氣質，如果尚未達成，那就只能盡量「表現」得接近符合信衆的期待，既然是表現出來的，就不是百分之百的眞實，他內心深處要如何壓抑各種慾望，守住戒律呢？那些被壓抑的慾望感受，又要從哪裡當出口呢？六世達賴的坦誠，或許褻瀆了人們內心對完美上師的苛求。但是，如果我們不了解自己其實是在索討「自以爲」的愛，又如何能不假冒信仰、假冒護持宗教，卻暗自投射種種欲望在上師或修行團體中呢？

對於一個眞正的求道者而言，生命就是一場煉淨的旅程，歷經挫敗、傷痛、苦楚、無奈、執著名聞利養，都是過程，沒關係。重要的是，你是否眞心渴望脫離苦海？如果答案是肯定，那你一定會眞誠、認眞地尋找解脫良方，至死不休。

最終，我們會在伴侶身上看見自己的匱乏、看見自己的投射，甚至看見自己在無止盡的固定模式受苦。這時，「向外」看的眼光，終於有機會轉「向內」——原來是自己把內在的不安與恐懼，轉成對伴侶的需索無度，或是自己一直攜帶著某種振動頻率尋找伴侶，所以屢試屢敗。當一個人有這層次清晰的看見時，宿命就能被轉動，不再複製父母的命運；警醒地、接受不完美的自己，自然能接受不完美的另一半，甚至這個不完美的世界。說也奇怪，這麼一來，一切就完美了，生命也就完整了！

▲▶從二〇〇三年起，足跡踏遍南傳、北傳各佛國，印度、不丹、尼泊爾、錫金、蒙古、泰國、柬埔寨、南韓、北韓、義大利、瑞士……採訪無數上師，只為尋找「生命究竟的出口」

尼泊爾瑪納嘉瑪納 Manakamana 印度神廟，因山路崎嶇，有心人出資打造纜車上山，神廟現場殺羊獻祭的血腥場面讓我感到非常驚恐

老頑童拍攝團隊

從泰國直接越境前進柬埔寨採訪

印度 海拔 3500 公尺拉達克

印度靈鷲山，佛陀宣說《妙法蓮華經》、《無量壽經》地點

尼泊爾博拿佛塔
Boudhanath Stupa

泰國

柬埔寨

上山容易下山難

禍，總是不單行

事業發達時前呼後擁，凡事有團隊、工作夥伴協助完成，命運走到了毀滅的氣數，只剩孑然一身。背著龐大的債務、萬念俱灰地從信義區搬到陽明山。非常感恩待我如至親的戴阿姨，在我最困難時伸出援手，讓我暫時有個棲身之處。接下來的日子，跟我擦身而過的臉孔從原本西裝筆挺、摩登時髦，變成穿著運動服、球鞋、拿著登山杖的退休人士。當時心中老想著，我也還算年輕，難道真要就此步入退休行列嗎？最慘的是還負債累累；未來，還有路嗎？突然間，馬不停蹄、東奔西跑的日子離我好遠，遠得像上輩子，連記憶都要模糊了。

命運從雲端跌落谷底，身心俱疲、充滿恐懼，只要太陽一下山，我就趕緊將全屋子的窗簾拉上，就怕被人發現我獨自一人住在小屋裡。很長一段時間連要跨出大門的勇氣和力氣都沒有，後來才知道，原來這是典型的憂鬱症。

當時的處境不只是失去熱情、失去創造力，更慘的是負債幾百萬；雖然沒有債主來討債，但從小到大養尊處優、從不曾經歷金錢匱乏，好幾年的時間經常在夜裡心悸、盜汗，被無限上綱的焦慮情緒嚇到驚醒。自己經歷過，更理解從前跑社會新聞時，那些被迫借高利貸、欠下大筆債務的人，爲什麼最後要燒炭自殺？就算沒有人逼他，也難以承受無形的焦慮壓力，何況天天被逼債的下場。

睡覺的床鋪位於小屋閣樓，只稍爬幾層階梯，我都氣喘吁吁、無法呼吸，眞難想像以前在喜馬拉雅山區縱走、騎馬，幾十天沒水沒電都可以生活的那個廖文瑜到哪裡去了？接著，說話越來越小聲，幾乎也不太說話了，隨時都想哭，自信心潰散，猶如行屍走肉。

有一天突然發燒、上吐下瀉，基於過去經驗，心想，難道又卡陰中邪了嗎？如果是「中邪的病」，去醫院是不太有用的，只是多挨幾針，做一堆不會有結果的檢查罷了。學生時期我經常打嗝、胃悶痛、發炎，醫生總是說要照胃鏡，從最初一根管子從喉嚨插進去，到後來的無痛胃鏡，我都做過，每次檢查都沒問題。直到學習印度瑜伽，整理三脈七輪能量，了解人除了肉身體之外，還有精微能量體，許多無法醫治的身心症，是情緒體、乙太體、甚至是因果體能量失衡所導致，看病吃藥打針是在肉身體、有形的物質層面工作，但問題根源若出自精微能量體失衡，那麼就如「心病還需心藥醫」這個道理，好好調整失衡的精微能量體，才是治本之道。

某日我身體感到畏寒、忽冷忽熱、一下又飆到四十度，看起來像是眞的病了，只好硬著頭皮下山就醫。拖著虛弱的身子，開車往北投方向下山。禍，總是不單行，平時車子不多的山路，那一天竟然有台小客車滑落邊坡，救難單位出動怪手、拖車搜救中，大老遠就被交警攔下，要我繞道。當時只靠著微弱的意志力、感覺隨時要昏厥，我虛弱地搖下窗戶、告訴警察，我要掛急診，已經快要休克了。警察只好同時指揮我開的車與搜救車隊緩步移動，雙方在極狹窄的山路交會。回憶過往，突然發現自己長期以往，有一種生命模式——總是要遇到險些跌落山谷的

陽明山潮濕多雨，頗符合我鬱鬱難開的心情；而不陡的
山坡卻讓爬過喜馬拉雅山的我氣喘咻咻

劇碼，從前在海拔五千公尺的喜馬拉雅山，現在則是四百多公尺的陽明山。我祈禱往後的生命不要再如此險象環生，能夠從容地安步當車。

好不容易抵達榮總急診，這裡眞像是我的第二個家，從二〇〇三年感染怪病住院八個月，到了二〇一五年還繼續光顧。你可以想見，急診室永遠人滿爲患，即使我當時很嚴重，也只能躺在走廊邊排隊等候檢查。儘管非常虛弱地躺在病床上，頭腦的擔憂卻無法停止：下個月有一筆三十萬的支票要兌現，怎麼辦？突然接到好友來電，我告訴她自己當時有多危急，她想到了我們共同的另一位友人或許可以解決燃眉之急。得意時，大家都來攀附，看來都像是好朋友；失意時才認得出誰是眞正的朋友，患難見眞情，莫過於此。

急診醫師終於來了，看過檢查報告，他說不知道是什麼感染，但是很嚴重，恐怕會引起「敗血症」要有心理準備。知道可能會有生命危險，當場嚇到眼淚飆了出來。還好在一旁陪伴，也

▲生命內鍵一條復返的道路，只有來到中年才有機會解鎖，引領你從容穩當地踏上「下山」的旅程

是爲我喚醒沉睡在脊椎尾端的「亢達里尼」易經大師和伴侶提醒：「你內在光明能量已經被喚醒，並且已經清理三脈七輪精微能量多年，病情不一定會照著醫生宣判的方式走。」說也奇怪，當我一聽到這句話時，擔憂恐懼的心立刻放下，眼淚也止住了。

更幸運的是，本來要等幾天才有的病房，就在我心安下來時出現了，而且還是雙人房。住進病房後，隔壁床住進另一位年輕女子，跟我一樣的病症，同樣有可能敗血症，醫護人員交代的事項一模一樣。因爲醫生暫時無法判斷何種感染，但細菌已經蔓延到血液，非常危險，只能立刻嘗試用某一種抗生素，持續療程兩個星期，如果症狀沒有減緩，代表無效，只好另尋他法。住院幾天後，隔壁床的女子越來越嚴重，印象中她好像頭髮剃了、送進開刀房，幾天後才又回病房。而我的病況卻逐漸穩定，高燒慢慢減退，只需要例行檢查、用藥。

身體才稍緩解，我最想做的事竟然是「喝茶」，於是打電話給愛品茶的阿姨，央求她到榮總泡茶。到了第十天，我幾乎痊癒了，但療程是兩星期，一天都不能少；爲了清理能量，我還偷跑出院，開車到三芝淺水灣泡腳，護士找不到病人量體溫，後來得知我偷跑外出，把我這個不聽話的病人臭罵一頓。

最後住院診斷註明的是：腎盂腎發炎。Google應該有詳細的學理說明，在此不多贅述；但如果從情緒與精微能量層面來看，病灶很對應：因爲長期擔憂金錢匱乏、焦慮，導致根輪能量失衡，對應到肉體的部位剛好就是腎臟，《黃帝內經》說**恐傷腎**，也是同樣的原理。醫院爲自己的病下了註解，其實還只是「劇情中」，只有找到問題的癥結、源頭，在自己身上下功夫、清理失衡能量，才是眞的有機會「劇終」。

遠走山林，迷惘如槁木死灰

憂鬱的人要走出家門很不容易，有一天我逼自己走到陽明山最熱鬧的路口，看見許多文化大學的年輕人三五成群聊天玩樂，當時我在他們身上看到了青春，憶起從前無憂無慮的大學生活，自己也曾青春洋溢啊！這是我第一次在別人身上看到「青春」，意味著我的青春已不在了，才能夠看見別人正在青春，感嘆年輕眞好。

不論你是否願意承認，因爲失去職場的主場優勢而感到憂鬱、迷惘、焦慮等等感覺，這正是青春不再之後的中年特徵。坊間廣告用詞盡量避開「中年」字眼，改以「熟女」、「大人」替代，或許能彌補一時的失落感，但長期以往只不過是延緩人們正視中年

中年的身心狀態猶如走入迷霧森林，年輕時的清晰與幹勁幾乎消失殆盡

身心的種種改變。孔子說：「三十而立、四十不惑、五十知天命。」每個生命階段都有不同的學習與任務，就算留住青春的外貌，也留不住年輕的熱情與衝勁，更糟的是因爲漠視問題的根本癥結，讓自己陷入更大的不安與恐懼之中。

在經歷悲傷迷惘的過程中，我一如往常開著車，完全沒看到對面馬路就站了一個警察，綠燈一亮、毫不猶豫地左轉，立馬被警察攔下，原來是初來乍到貴寶地，沒有注意到左轉有時段限制，當警察要求拿出行照、駕照時，這段期間所有的無助、失意、失志的情緒全湧上心頭，只是一張罰單，卻是無可抑止的委屈和淚水，過去縱橫沙場的氣魄早已消失得無影無蹤。

城門廢墟

「悉達多太子出生後，相士預言他將成為轉輪聖王，若出家修行便能修成正等正覺的法王。父親淨飯王為使自己的國家後繼有人，不願愛兒出家修道。為了防止他產生出家之心，便從小對他進行著嚴格的教育和管制，教給他各種婆羅門知識、禮儀以及『齊家治國』之術；建造華麗宮殿、夜夜笙歌、錦衣玉食…禁止他隨便出宮，接觸平民百姓；並在他十七歲時，替他娶了漂亮的老婆，希望以聲色籠絡他可能出家的心。一日，太子想出城遊玩，向淨飯王提出懇請。淨飯王以為太子已經不大可能產生出家之心，出城遊玩只是去尋求世俗之樂，便同意了。」

二〇〇五年，佛國之旅攝影團隊當年抵達太子逾城出家的城門，在斷垣殘壁錄影的畫面，幾乎在呈現悉達多太子出城遊玩故事的後半段：

「他在東門遇到一個風中殘燭虛弱老人，轉到南門，看到一個生病哀嚎的病人，再從西門出去，看到出殯的隊伍……這些景象都使他感到無奈、悲苦。最後，出了北門，看到一位出家沙門，舉止安詳、平靜，內心充滿喜樂、自在，於是心生嚮往……」

據說這就是促使悉達多太子出家，領悟宇宙生命眞理的緣起。錄影時我正值三十出頭壯年階段，歲月匆匆，今日行文已是中年。憶當年，儘管也學佛、嚮往眞理，但畢竟還算「青春」，台灣社會也尚未進入高齡化，還不到憂心感嘆老病死的年紀，在錄影時像在背書，難以體會悉達多太子在城門外對生命無常的驚恐與慨歎。

如今，臉上多了好幾條皺紋、皮膚垮了、眼袋深了、白髮多到來不及拔、手腳也沒年輕時靈活、思慮不再敏捷、記憶力大幅衰退、體

儘管只剩廢墟，卻深刻感受到悉達多太子為求生死解脫的決心有多強烈，因為他的探索，使我們能按圖索驥踏上覺醒的道路

力更是大不如前。再回頭看悉達多太子出城門被老人、病人和出殯景像震撼的影片，我突然意識到自己對「生」的記憶已經久遠模糊了，但對於「老、病、死」卻往前邁進了一大步。

《瓦希斯塔瑜伽經》說：

「羅摩王子走遍這個世界後，悶悶不樂的回到皇宮，他看到所有生命總是充滿無奈、痛苦、悲傷，這個衝擊使他彷彿槁木死灰般徹底失去笑容。他父王很擔心，便向聖人瓦希斯塔求助。聖人說：『羅摩王子彷彿槁木死灰般，這是即將跨入靈性覺悟的前兆，只要得到適當的教導，他將會打開可以讓生命透進光明的那扇窗。』」

「自我」死亡的颱風夜

二〇一三年，我離開節奏快速、活力生猛的繁華市區，獨自一人剛搬上山，房子尚待整理，圍牆裸露、周圍堆積著沙土和機具；如同剛丟棄一切急需自我重建的我，赤裸裸、孤零零，連

▲人人都要經歷狂風暴雨及面對日落西山的「難」

唯一能夠保禦防衛的圍牆都沒了。屋漏偏逢連夜雨，才剛上山，便連續遇到三個颱風來襲，全山停電，屋內、屋外一片漆黑，彷彿映照著我內心無盡的黑，只有天知道我「心死」了，感覺身體無限沉重，不斷向下墜落，進入一個沒有盡頭的黑洞，我感到萬分恐懼，卻毫無力氣停止墜落，儘管外頭狂風暴雨，我竟聽不見周圍的聲音，外面的漆黑更加深這片死寂，眼淚撲簌簌的滑落，我不知道此刻自己身在何方？也不知道我是誰？時間彷彿靜止消失，空間若有似無；淚水，終於止了，擔憂停了，方才墜入黑洞的恐懼也不復存在。在風雨間歇的縫隙，我聽到自己一絲絲的呼吸和心跳聲，世界像是停止轉動，窗外的暴風雨絲毫無損我此刻內在的寧靜，無以言喻的寂靜。直搗悲傷的核心，像是進入颱風眼，一切都平靜了。

這時一位舊識喇嘛突然來電，邀請我幫一位長期在密勒日巴山洞閉關的成就者寫書。

「怎麼可能？我沒有能力。」我回答。

他回：「你沒有能力，誰有能力？你做過那麼棒的節目，跟隨那麼多法王……」

聽他這麼說，我眼淚直流，這就是我最大的感嘆啊！那些榮耀的過往、至高無上法王的加持與教誨，對如今的我都沒有意義了。不是他們不好，而是我拿自己沒辦法，被自己打敗了。從小到大始終要強的我，終於明白自己被徹底擊垮——而且對手就是自己，實在太諷刺了。喇嘛用他不太流利的國語說：「那我要恭喜你，你已經證得了我們閉關三年要拿到的三個禮物之一——出離心。」別開玩笑了，我這麼淒慘，全世界對我都失去意義了，還談什麼出離心呢？

人活著到底是爲了什麼？當一切都失去了意義，連隨著日升月落「活著」的能力都沒了，怎麼辦？從前如果情緒低落，可以找朋友聊天、逛街、甚至買張機票出國去；現在卻一點也提不

【本來學堂課程優惠券】

$100元
+
$500元

可擇一抵用：

○【中場的六堂人生整理課】（共六堂線上課，學費 $3600 元）
　從事業、夫妻親子關係能量，解析個人生命全圖景

○【脈輪能量平衡個案】（定價 $3600 元）

起勁，所有的人事物都吸引不了我，我幾乎不認識自己。因此，萬分急迫地想要弄清楚自己到底是生病、還是著魔？爲什麼完全失去動力、創造力，只想離開人群。在萬念俱灰的當時，什麼羅摩王子、什麼是卽將跨入「靈性覺明」的前兆……對當時的我而言，經書所言都是空洞的天方夜譚。

上山容易下山難

我們多麼習慣用角色、頭銜、理想和形象來堆砌、塡補空虛的「自我」——比如：「我」就是那個每次出場都要光鮮亮麗、事業有成、住豪宅、開名車那個人。而且，這些成功的條件得要越來越高檔，才能跟別人媲美，爲了不斷提高自己的價値，所以要不斷的努力追逐。

然而這些外在所謂的美好，是否能帶給我們內心眞正的滿足呢？人到中年，你終究會發現，一切只是不斷失望：年華逐漸老去、身體不再健壯，對事業、伴侶或是智力感到無力與失望。當我們失去頭銜、名利、權勢時，「我」會感到受傷，因爲「我」是用那些條件堆砌起來的。所以，人們無法停止對名利的貪愛，因爲「我」始終缺了一塊、不完整。當你還活在錯誤的「我」的認同中，追求錯誤的目標，結局必然是失望的。直到被強大意外事件逼迫——也許是意外、重病、離婚或失業，你再也無路可逃，生命徹底失去支撐、徹底的失望、徹底的掉進無價値感、再也無法定義自己的萬丈深淵……，轉機才會出現。但那幾乎接近死亡的感覺，太令人恐懼了，所以人們無論如何都要把自己撐住。

在那個颱風夜，我終於明白過去的各種角色、形象、成就……都毫無意義，那些物質世界堆砌起的一切，再也不能滿足我，我對「我」失望透頂，所有外在的追尋都支撐不了我，「我」終於死了。

一個人要走到徹底絕望有多難呢？舒適的現代生活提供大家很多逃離痛苦的機會，例如：美食、購物、寵物、談戀愛、工作、社團、旅行……這些我都認眞做了，而且做得徹底，也曾經非常樂在其中，當時顯然也不會理解，原來那些作爲，都只是爲了逃避面對眞實的自己。直到所有外在事物不再吸引我，那些曾經感到開心有趣的一切變得索然無味那一刻；再棒的美食、再精緻的名牌、再迷人的愛情、再誘人的名利權勢，在我眼裡、心底全都乏味了。我才感覺人生再也沒有什麼好追求，世俗所有的一切都沒意義了。

活了大半輩子，我始終謹記上師的教導：「做對人類有意義的事」。一路戰戰兢兢，從未偏離跑道，製作優質節目、創作書寫，外人眼中我是成功者，許多電視人拼了一輩子的金鐘獎，

▲最後我發現：當現實中的一切都沒有意義的時候，真正的意義才能生起

我初試啼聲《佛國之旅》便一舉中的。接著再製作《高山上的老頑童》達賴喇嘛紀錄片暨音樂心靈饗宴，生命又攀上另一個高峰。站在舞台接受掌聲多麼令人目眩神迷，爲了這一切，「自我」願意跋山涉水，甚至冒著生命危險去追尋、達標。

無奈的是，攀上「高峰」終究要下山；自以爲的「有意義」，終要走到盡頭；到了這一刻，連我鍾愛的喜瑪拉雅山也吸引不了我，提起行李出發是我最沉重的負擔。

在走頭無路的情況下，我只能回頭面對眞正的自己！我到底是誰？爲什麼來到這個世界？又爲什麼要做那些自以爲「有意義」的工作？

找回眞實的我

記得在喜瑪拉雅山區拍片時，雖然當地沒有富裕的物質生活，食物簡單、衣衫襤褸，但許多人都有雙清亮純眞的眼睛，特別是小孩，眼神如清澈見底湖水，平靜無波又晶瑩剔透。印度拉達克的小朋友爲了歡迎我們攝影隊的到來，準備了白色的哈達獻給大家。外表看來約莫三、五歲的孩子，他可能根本搞不清楚「歡迎」的意義是什麼，但當他爲我掛上哈達的一剎那，我幾乎開心到忘了我是誰。對吧，就是這種「忘了我是誰」的感覺，讓人失去界線、失去身分感，那個片刻沒有人我分別，只是當下交會的光芒。十多年過去了，世界越來越文明、科技日新月異、食物越做越精緻、東西越來越花俏。即便我已數不清吃過、用過多少昂貴精緻的好東西，而那純眞的相會卻依然鮮明無比。

類似的感受也發生在蒙古戈壁，經常開車一整天都遇不到一戶人家；有一天遇見兩個孩子蹲在路邊賣馬奶，我們實在很想光顧，但前車之鑒是喝下如此「新鮮」馬奶的下場是不停止的下痢。而蒙古人窮歸窮，可是非常有骨氣的，他們不接受施捨。於是我掏出口袋中的牛奶糖送給他們，小小的手掌心幾乎捧不了那麼多糖果，當車子離去時，孩子開心地追著車子跑了好長一段路，一直揮手道謝、說再見，小小的身影消失在無盡的地平線時，我的眼角都濕了，怎麼那幾顆糖果能帶給他們那麼大的快樂？他們回饋給我的感謝，遠遠超過我所給與的。

施與受到底誰比較幸福？眞正能帶給人的快樂又是什麼？我們多麼習慣於用金錢、頭銜、位階、外貌來定義自己，社會集體意識也都吹捧成功、菁英、財富……等外在的價值。所以才會有那麼多優秀的人因爲受不了挫敗而結束生命。

曾經我以「做對人類有意義的事」爲圭臬，但，到底什麼才是眞正的意義？如今回想，當時只是表相上理解，是世俗的、自己以爲的意義；當內在也走過千山萬水後，終於在不惑之年體悟到「世俗的追求沒有意義」，對過往那些奮力、成功、挫敗、擔憂、恐懼……都感到厭倦，這時才對自己這一路以來所建構的「舊世界」產生「厭離」，升起「出離心」。過去從外在可以定義自己的一切終於完全失效，人們得嘗試新的東西。弔詭的是，當那個新的東西往外怎麼找都找不到時，人們才願意回頭（通常是不甘不願的），轉向內在，重新開始認識一個你從不認識的自己。也就是說，**當外在**（世俗）**世界對你不再有意義時，內在**（出世）**生命眞正的意義才能升起**。

▲我始終緊記上師教導的「做對人類有意義的事」，不放棄任何弘揚佛法的機會

▲在佛陀逾城出家的城門廢墟錄影時，還是年輕的「氣」；直到中年、生命整個被摧毀，才理解悉達多太子對世俗的厭離，為生命解脫找出口的道心要多堅定才能覺醒

▲工作夥伴李惠仁、吳錦墀隨我一起上山下海拍攝、採訪的艱辛歲月

崩潰——偉大的心碎

不停轉山，轉啊轉

傳說，當年佛陀在鹿野苑初轉法輪，傳下了在禪定中獲得解脫的方法後，由於印度當地酷暑濕熱、蚊蟲滋擾，修行的人難以在這樣的環境中保持內心的定靜，於是他們向北眺望，選中了喜馬拉雅這座清涼雪山。

西藏人相信兩個方法可以免受六道輪迴之苦，其一修成佛果，其二就轉山。他們相信神山是人最容易接近神的地方，轉神山一圈，可以洗滌一世的罪業，轉十圈可脫離輪迴，轉百圈則今生即可成佛。甚至在轉山中死去，也是吉祥神聖的。

更早關於雪山的記載則是流傳久遠的印度神話，在《默根達亞往世書》裡有一節著名的《女神頌》，描述史前時代女神(Durga)如何歷經百年激戰打敗惡魔(阿修羅)的精采戰役。杜伽女神是雪山女神的化現之一，祂還有許多其它的譯名：杜迦女神、降魔女神、難近母。直至今日，印度人會在九夜節期間特別念誦《女神頌》，頌文所描述的女神降妖除魔血淋淋的激戰，不正呼應著我們內在壓抑的各種恐懼、匱乏、貪嗔癡……無止盡在翻攪嗎！因爲心魔難以降伏，所以必須祈請女神威德神力，助平凡衆生一臂之力。

鹿野苑，佛陀成道後首度為五比丘說法、初轉法輪的聖地

二〇一二年 轉山挫敗

我不是藏人，也不是印度教徒，但是從二〇〇三年我第一次飛向印度達蘭沙拉採訪達賴喇嘛起，雪山女神對我的召喚從未停歇；從搭乘客機、直升機、麵包車，到騎馬、手腳並用，艱苦跋涉，數不清到底翻越過多少山頭，從不曾遞減我對喜馬拉雅山的孺慕之情。

是思念、是好奇、也是遺憾，我總想看看那一年本該跟K君赴約的旅程，從山的那一頭，搭巴士、翻山越嶺最後到印度大吉嶺，那一路是什麼樣的風光呢？未到千般恨不消，二〇一二年我還是踏上了這段路。

從台灣轉機再轉機，終於抵達那個幾乎跟登天一樣難的國度。車行由西往東，房子越來越稀少，人也越來越少，蜿蜒的山路沿途盡是美景，古木參天、瀑布飛濺、偶爾與下課的小朋友、犁田的農夫在半路相遇話家常，總讓人感到輕鬆自在。山中生活簡單樸實，而大自然似乎也為我調伏了幾分來自都市的緊張氣息。

一位衣衫襤褸的年輕人沿途五體投地做大禮拜，他說

有「神」的雪山，氣宇非凡！難怪所有的宗教都要以祂為自己的聖山

要從家鄉，沿路大禮拜到海拔三千八百公尺高的蓮師聖地。這一段路有多遙遠？光是用坐車估計也將近要一星期，旅人常常爲了吃飯、住宿，必須在天黑前趕路、安全抵達下一個市集或小鎮，否則就眞的要餐風露宿了。而這位孑然一身的年輕人沒有任何行李，他這一路上吃什麼、如何遮風避雨、怎麼睡覺？「沿路總會遇到人家，偶爾跟他們乞食、吃點東西止飢卽可。有時睡路邊、有時睡廟裡、有時向當地人借宿。」他說。爲了追求正法，他就這麼走著、沿路大禮拜好幾個月，卻一點都不覺得辛苦。

導遊兼司機格尙帶著我們前往邊境，路過人煙罕至的親哥哥家，他們兩人幾年難得見上一面。格尙哥一見到我們，高興的從屋裡端出一盤鮮花、和一盆水往外潑，把我嚇了一大跳。格尙隨卽解釋，這是當地的傳統習俗，表示盛大歡迎客人。儘管採訪過國內外政要、法王、僧

▲年輕時熱衷朝聖，到了中年卻對沒有盡頭的「轉山」焦急不已

王，見識過各種盛大隆重的歡迎排場，唯獨二〇一二年夏天，這一家人對我們眞誠歡迎的心意和景象，至今回想起仍感動不已。

這一天我有幸參與格尙哥哥家的淨化修法，當法螺響起，那充滿磁性、低沉的誦經聲一起腔，淚水不由自主地滑了下來。爲什麼這一幕如此熟悉又那麼遙遠？久遠以前，我是否也跟你們在一起，學佛、念經、追尋生命的解脫之道？百千萬劫後，我們今日在此重逢，你們依然在這裡，而我，在哪裡呢？

旅程尙未結束，搭小飛機繼續前往錫金，飛機上的風景很不同，從穿著就能分辨是尼泊爾、不丹、還是印度、錫金人，只有我和同行友人是他們眼中的「外國人」。飛機下降到Bargdorga小村莊，又只有我們兩人下飛機，從步下機艙門、走進簡陋的海關口，每個人都提醒我們下錯飛機場了。還好當地友人淸楚交代，讓我們不受動搖，如果眞聽了那些人的提

喜馬拉雅山區如同我的第二故鄉，光是不丹就走了數十回。圖為不丹最美的普那卡宗堡 Punakha Dzong

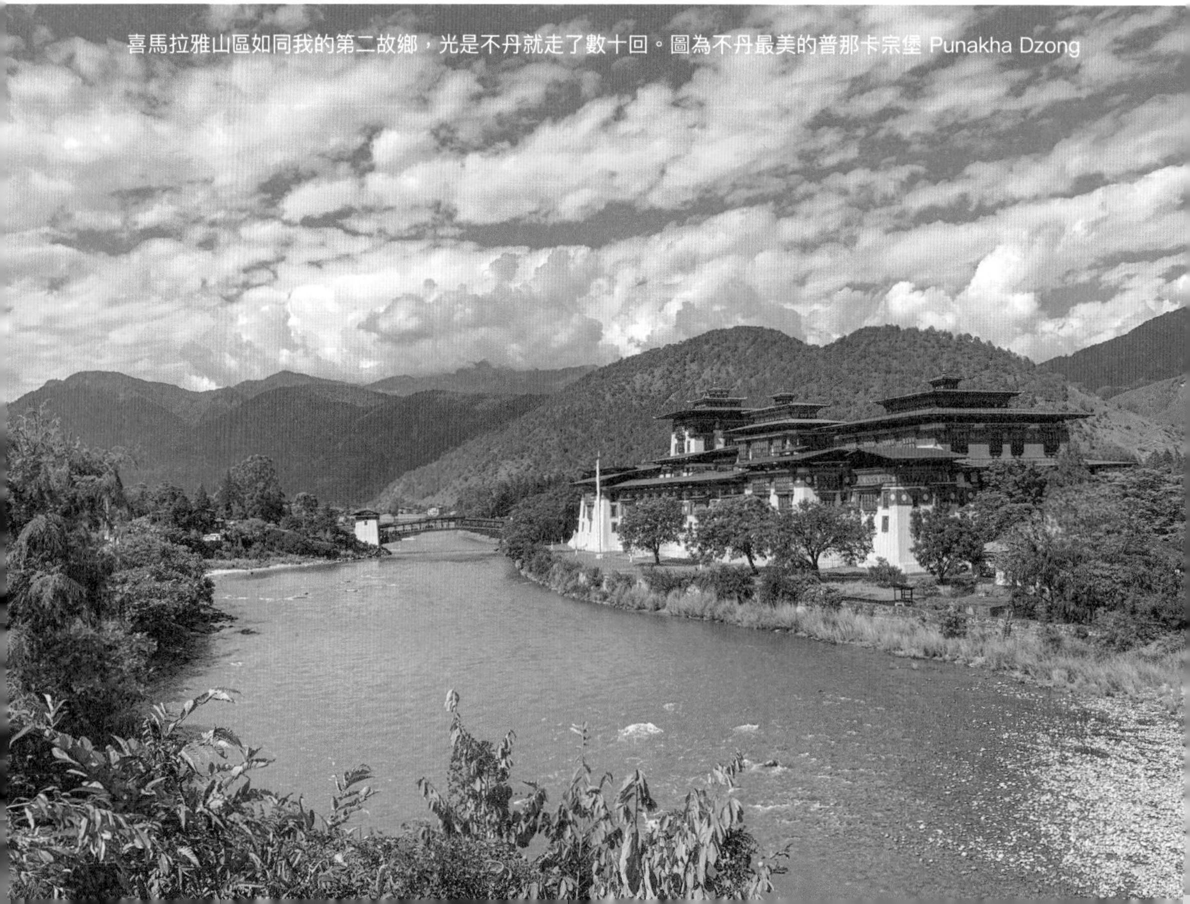

醒，這班穿梭在喜馬拉雅山間大小城鎮起降的飛機，將把我們載到哪個不知名的地方呢，那才眞要欲哭無淚了。

其實，多年的旅行經驗，我最大的學習便是享受不在行程內的意外驚喜。多數人總是習慣安排好一切，食宿交通要掌控清楚完整；但，天總有不測風雲，尤其在較原始的國度，意外狀況特別多，於是我練就了一身兵來將擋、水來土淹的功夫，有時搭錯車（或飛機）、走錯路，反倒有意外的收穫。

錫金的黑寶冠

七世紀時，錫金爲吐蕃（西藏）領土，幾經戰亂爭奪，西元一九七五年被併入印度，成爲特別行政區，也因此這裡流露著藏傳佛教與印度教相融合的氛圍。佛弟子不遠千里到海拔一千五百多公尺高的隆德寺朝聖，這座寺廟是十六世大寶法王噶瑪巴於西元一九六〇年所建築。清晨的陽光把藏紅磚牆和金色屋頂打得透亮，這一天沒有法會，道場裡外特別寧靜，偶爾見到巡邏的印度警察，顯現這座藏傳寺院的特殊地位。

歷任大寶法王都頭戴黑寶冠，許多慕名前來的人希望能得到黑寶冠的加持。這典故要追溯至明朝，明成祖夢見噶瑪巴就是觀世音菩薩，於是邀請第五世噶瑪巴前往中國。噶瑪巴在一百天中，天天示現奇蹟。在其中一場法會中，永樂皇帝看見噶瑪巴頭頂上，有一頂由十萬位空行母的頭髮所織成黑色金剛寶冠，當下意識到是因爲自己的虔敬，才得以會見助他開悟的法冠。因此皇帝發心做了一頂黑色寶冠供養噶瑪巴，據說人們只要看到此寶冠一眼，便能得到法王的加持祝福。永樂皇帝因此賜噶瑪巴爲「大寶法王」，後世人尊稱爲「大寶法王噶瑪巴」。

如今十七世大寶法王自二〇〇〇年翻越喜馬拉雅山逃到印度後，駐錫印度西北達蘭莎拉，因身分特殊，受印度政府保護（監控）無法自由行動；但渴望面見法王的信眾仍是天天大排長龍。十幾年前，我也在排隊的人群中，只見大寶法王快速將哈達掛在信眾脖子上，平均一個人只有兩分鐘左右時間近身靠近他，當時大寶法王才二十出頭歲。我心想，一個年輕人背負著偉大的傳承使命，還要面對複雜的政治問題、內部派系爭鬥、照顧幾千位小喇嘛，這負擔沉重嗎？也許對一個四大皆空、能自在翻轉於眞空妙有的修行人來說，自然不會覺得負擔受苦，反而是能拔苦予樂的喜悅。只是，這個境界不能只停留在理性邏輯的認同，或是遙不可及的想望；轉苦爲樂必須是一種眞實的體驗，自在解脫才不會只是空話，這才是一個人眞正要學習的法門。

多年後我又遇到剛從印度回來的佛弟子，他秀出有大寶法王簽名的盛水塑膠瓶，

▲錫金的寧靜湖

聽說這一招是台灣信徒發明的，以後用這個水瓶裝水，每一口都是法王加持過的聖水。傳言要法王簽名的空瓶實在太多，大寶法王簽名簽到手軟。

你希望得到什麼樣的加持呢？業障消除、幸福健康、事業順利、家庭美滿……這些都是外在的、生滅的、無常的渴望。企圖透過外在加持，想進入恆常，那簡直是緣木求魚。《涅槃經》說：「諸行無常，是生滅法；生滅滅已，寂滅為樂。」如果著迷於這類的加持，恐怕會有無數的大成就者有待你去頂禮求加持，而且一輩子都要依賴外在的加持以求平安，因爲你始終無法確定這些加持力是否已存進於自己生命中。

只有當內在的光明覺性升起，自己就能加持自己，內在的惶恐不安才能徹底轉爲安心篤定、平安自在。

許願皆能應允的「寧靜湖」

一天，我們來到錫金西部知名觀光聖地——佩霖。穿過茂密的森林小徑，遠方不時傳來叮噹鈴聲，循著聲響，抵達KECHO PARI寧靜湖，這是一座美麗的高山湖泊，且能遠眺喜瑪拉雅山脈的著名山峰，當地佛教徒和印度教徒都視它爲聖湖。後來又因爲來此許願者幾乎有求必應，故又稱爲許願湖（WISHING LAKE）。順道一提，要將向外追逐的習慣轉向內，關鍵就是「安靜」。心，靜下來，自有定見，靈光就會乍現。如此來看寧靜湖也稱許願湖，也就不足爲奇了。

小路邊有一間低矮平房，主人是一位與我年紀相仿的日本女孩，在湖邊販賣日本和錫金混血的藝品，小店整體風格很西藏。我問她，日本文明又乾淨，爲什麼要遠嫁到這個窮鄉僻壤？妳適應嗎？她喜歡寧靜恬適的錫金，住在這裡比文明的日本輕鬆許多。的確，只有繁華落盡的人才能享受質樸恬淡的生活。

當時看見她爲愛走天涯，在錫金寧靜湖安身立命，我心頭爲之一震。曾經我也有過喜馬拉雅的愛情夢，一度動念希望能跟愛人在山裡定居、遺世獨立，眼前的日本女子彷彿是我湖中的倒影。對她而言是眞實，對我來說卻如夢幻影。因爲，錫金已是她的終點，而我仍繼續漂泊。

眞正的落腳處在哪裡？

在喜馬拉雅山區旅行，不是艱難到手腳並用地攀爬，就是搭車繞著無止盡的山路，一天，我望著窗外，突然痛恨起自己來——這樣子轉山，喔，不，應該說是「在山裡轉」，到底要轉到何時才到得了目的地？

聖地，我去的還不夠多嗎？

朝聖，有誰比我接受更多法王、大成就者的加持祝福？

愛情，別人爲愛走天涯，但我終究沒有完成這類曾經編織的夢。

那麼，我在山裡轉來轉去到底爲了什麼？能成就什麼？我到底想要什麼？

每當從高山回到平地，所有帶到山裡準備丟棄的煩惱和擔憂全都原封不動的帶回來。我不快樂，朝聖只是短暫的解憂，我甚至感到挫敗，一切都是鏡花水月建道場。這一年，已經是我拍片、朝聖的第十年了，爲了這個「到不了」，我很焦急、很沮喪。

從小爲父母的期望而活，長大後爲名爲利勇往直前，也算達成了所謂「人生勝利組」。只是，年輕時到處都是著力點；如今，旅行已無法使我更快樂，轉山也無法滿足我，那些曾經的輝煌如同過眼雲煙，生命沒有熱情、無法像年輕時那樣聚焦、也找不到著力點，我感到無聊、無力、脆弱、焦慮、空洞……。

當同年齡朋友們正在成家立業、賺錢理財、功成名就時，我已經踏上朝聖的旅途（所以錯過很多好友的結婚盛會），再遠的路、再高的山，我都不畏艱難地勇往直前。卽使進入深山四十多天餐風露宿、沒水沒電，蓬頭垢面、臉龐曬到跟藏人一般黝黑，回到台灣連家人朋友都認不出我來。長輩甚至問我，那位仁波切是

▼ 2005 年第一次興高采烈地登上海拔 3120 公尺高的不丹蓮師聖地飛虎穴

給你多少經費拍片，讓你把自己糟蹋成這副模樣？我只能笑笑回答：「你不知道攀登高山、朝聖，對我有多大的意義，非金錢所能衡量的。」似乎我只要能去一趟雪山，煩惱恐懼就消失，甚至還能沾染一絲高山的靈氣返家。於是，我一而再、再而三朝聖山，就算有生命危險，也擋不住我尋找眞理的決心。我以爲只要一次又一次越過挑戰，登上高山、追隨許多大成就者的教導，最終將會在行囊中裝進眞理與智慧，然後返家。

但是，事實卻是——我在神聖的喜瑪拉雅山，崩潰！

再也無法滿足於外在的神聖

從二〇〇八年接下達賴喇嘛流亡紀錄片任務起，我幾乎也隨藏人踏上流亡的旅程。奔走窮鄉僻壤、千山萬水只是身體疲累；國際政治現實、兩岸關係詭譎、國內政黨爭鬥、藏傳派系、顯密佛教門戶之見，再再讓我心力交瘁。

好不容易捱到了二〇一〇年發表前夕，原本與達賴喇嘛台北辦事處共商計畫於推出紀錄片的同時，力邀法王訪問台灣。但，二〇〇九年八月莫拉克風災摧毀了小林村，也打亂了所有的計劃，法王因心繫災民，竟臨時改變訪台時程，引發當年一連串政黨與宗教派系的角力，大家互相攻訐撻伐之下，儘管只是紀錄片製作人這樣的小角色也無能倖免。在當時的政治氛圍下，本來是檯面上人物都想要沾上邊的法王，一夕之間，突然變成一個敏感的主題和對象，導致國內媒體當時都害怕做相關報導。到處央求下，非常感恩自由時報、東森新聞友人大力協助新聞露

▲ 2009 年莫拉克颱風重創台灣，高雄甲仙小林村滅村，達賴喇嘛特地前往小林村為災民修法祈福

◀▼流亡藏人的處境振動著渴望回歸心靈故鄉的人們，只是那個故鄉並不在地理上的喜馬拉雅、恆河，亦或是布達拉宮

出。(相關報導https://ent.ltn.com.tw/news/paper/331155)

在政治詭譎、財務困頓中，二〇一〇年元月，「高山上的老頑童——與達賴喇嘛一同合十」影音交響晚會，依約在國父紀念館順利登場，只是少了主角達賴喇嘛。

記得那一夜，國父紀念館座無虛席，南傳、北傳、藏傳的出家人，我的母校——天主教聖心的姆姆(修女)師長都來了。我想，只有這種高度的上師，才有如此這般的魅力與能量，讓大家卸下外在的分別，融入慈悲的大海裡。站在舞台上謝幕，我噙著淚水感恩這一路上所有人在精神與金錢上的支持，幫助我達成當時以爲極神聖、有意義的任務。

但是，什麼是神聖？什麼是意義？

千萬藏人的流亡，其實是震動著所有人渴望「回家」的心情。而那個「家」，既不在達賴法王出走的西藏布達拉宮，也不在高大的喜馬拉雅山，或是神聖的恆河……

偉大的心碎

修行的路徑也許因爲文化、宗教派別而有所不同，但回到「內心的家」，安頓身心，絕對是大家一致的願望。二〇一〇年一月三日《高山上的老頑童——與達賴喇嘛一同合十》的那一夜盛會，我站在台上謝幕，看著台下各「色」修行人，眼角泛著淚光，爲自己能走到這一刻感動萬分。

但，那一夜掌聲過後；不，應該說那一場「戰役」後，我感覺全身虛脫、身心俱疲。清晨起

一切的美好、有意義，最終仍要顯露出如夢幻泡影的結局

床後，我突然覺得手腳發麻，從前攀登高山的雙腿不再有力，頭髮也白了好幾根，頓時間覺得自己變老了。從前感興趣的事物突然變得索然無味，事業、經濟、愛情一夕之間全變調，賴以爲生的創作力也消失殆盡，最嚴重的是從前認爲「有意義」的一切，都沒有意義了。

沒有體力、加上頓失創造力，我被迫必須結束工作室，急著變賣所有的器材、衣物，那些昂貴、曾經愛不釋手的東西，現在只想去之而後快。走在信義鬧區，覺得自己跟週遭環境格格不入，人們感興趣的話題，趕流行的事物我都提不勁？連最愛的旅行，都像雞肋般食之無味。

幫忙資源回收的師兄分了好幾梯次車，載走再也不需要的桌椅用品，一整面牆的櫃子裡上千卷《佛國之旅》拍攝帶也全部丟棄。那些曾經的千山萬水、千辛萬苦，被世人肯定、引以爲傲的光環、美好的價值觀、有意義的生命

▲年輕時在泰國大城錄影時所說的「不勝唏噓」，都不及中年真實體驗下的感慨萬千

註記……也跟著一起灰飛煙滅，我感到的虛脫無力，一切虛無縹緲。腦海浮現曾經拍攝的阿育他亞（Ayuttaya）——那是華僑口中的「大城」，位於曼谷北邊湄南河畔的泰國古城。大城王朝維持了四百多年，經歷三十三位君主，其繁華據說甚至超越巴黎和倫敦。一七六七年，緬甸軍攻入阿育他亞，城內的皇宮、佛寺、民房和藝術寶藏，無一倖免的被擄掠摧毀。

記得二〇〇四年現場錄影時我慨歎地說：「Ayutthaya梵文的意思是固若金湯、堅不可摧的城池。曾經這個王國輝煌燦爛、曾經這裡僧侶如織，但歷史怎麼了？歲月怎麼了？昔日燦爛輝煌的宮殿塔寺，如今只剩斷垣殘壁、荒煙蔓草，令人唏噓不已。」

拍攝的那一年，我才三十初頭，正值青壯年，當時口中說著「斷垣殘壁、唏噓不已」只是現場說說吧？如今，我身處這座仍然奮力狂追頂尖巴黎、東京、紐約時尚在跑的台北市，內心這個曾經堅不可破的大城——Ayutthaya，也一樣繁華落盡，連斷垣殘壁都消失殆盡。

原來，千古的慨歎不分國界、不分時空。

原來，我感嘆的不只是阿育他亞，不只是歷史的滄桑，而是生命的流逝。

▲感謝嘉賓蒞臨《與達賴喇嘛一同合十》影音交響晚會，右為家母

▲西藏民歌手葛莎雀吉

▲感恩最早接引我入佛門的慧明法師

▲當年媽媽牽著八十多歲的外婆出席盛會，她對孫女主辦如此有意義的晚會感到與有榮焉

▲新書與晚會同時登場，看似風光的一刻，最後卻成為壓垮自己的轉折點

▶▼物極必反，光鮮燦爛的那夜過後，竟是偉大的心碎，下台後，我隨即進入「被關機的二〇〇一夜」

遇見「空性」古魯（Guru）

二〇二〇年新冠疫情大爆發，世界運轉嘎然停止，封城隔離成了生活常態，大家被「關」得苦不堪言，我卻似曾相識，因爲早在二〇一三年自己就提前遭遇過這種隔離了。雖然當時不是因爲疫情，但我感到徹底毀滅，無力工作、無心創作、負債累累，必須搬離高房價的市中心，像是被老天一腳踢進山裡，整個人當機、「空」掉，這比因疫情被「關」還痛苦。

仰德大道的觸動

因急於搬家，儘管山中小屋尚未整理好，還是得硬著頭皮進住。小屋外牆被敲掉、只剩幾根石柱圍籬，任何人都可以一腳就跨進屋子，小院子堆滿砂土、鐵條、施工器材，因爲工人要修繕，家當無法歸位。晨昏我都要到山間步道散步，一方面紓解煩躁，一方面思索如此潰敗的自己，要如何繼續未來的路？走在步道上，擦身而過的多數是退休人士，他們一身輕裝，跟台北市區的上班族形象形成強烈的對比。當時才四十出頭的我不禁想著：我還算年輕，難道也要加入所謂退休行列了嗎？人家是領了退休金的退休人士，而我則是負債累累的無業遊民，未來還有路嗎？突然，以前馬不停蹄、東奔西跑的日子離我好遙遠，遠得像上輩子的事，連記憶都模糊了。

可能在那個颱風夜經歷了宛如世界末日的「自我」毀滅，現在已經不知道要用什麼來定義自己；就算負債幾百萬，此刻也無從擔憂起。還有什麼比徹底毀滅更淒慘呢？從初期幾個月的惶恐不安，到後來漸漸能欣賞、享受開車在仰德大道的風光，白天陽光灑落、樹梢閃閃發亮，夕陽西下時天空雲彩千變萬化，到了夜晚遊客都離開，橘黃色的路燈引領我從焦躁的都市回家，有一種無法形容的靜謐，這段回山的路總能使我鬆口氣，焦慮的心情隨著蜿蜒的山路而逐漸安定下來。

某天，我一如往常開著車上山，朦朧的街燈、冷冷的空氣，路上只有我一台車，四下一片寂靜。突然想起多年前在一個工作坊中，某位老師一句零碎的話：「生命遭逢巨變很痛苦，難過時就去泡腳……」一回到家，立刻在堆滿待拆封的搬家紙箱堆，撈出電腦、給老師發Email，希望他還記得我是誰。Email簡短告知目前的窘境，對所有的一切都感到無力，好似生命已經走到盡頭。沒想到很快地收到老師的回信，他只簡單扼要地說：「這些問題只要調整『能量』

▲破敗的房屋能夠重建，衰敗的生命有機會起死回生嗎？

就沒事了。你還繼續泡腳清潔能量嗎？」

我的世界末日，爲什麼老師回答得這麼輕鬆？我生了這麼嚴重的「病」，怎麼可能靠泡腳就痊癒？無奈，這時全身無力、身無分文，也沒有更好的選擇，在走頭無路、半信半疑下，我只好去泡腳。誰料，好不容易騰出一個小空間放置臉盆，準備來進行第一次泡腳，只是稍稍移動桌子，不怎麼尖銳的桌腳竟然撞到大姆指，當場掉了一塊肉，鮮血直流，痛到無語問蒼天，難道我連這麼簡單的泡腳都做不來嗎？眞是屋漏偏逢連夜雨、欲哭無淚。

第二天，忍著傷口泡鹽水的疼痛，鼓起勇氣去盛水準備泡腳，沒想到才拿起臉盆，眼淚竟撲簌簌地掉了下來，好像所有的委屈和苦難都在那一刻潰堤。這又是怎麼回事呢？不過是要泡個腳，怎麼會有這麼大的情緒反應？我不解到底發生了什麼事，但爲了一探泡腳的究竟，也爲解決生命的困頓，我下定決心做下去。

那期間房屋仍陸續進行整頓工程中，一天，工人忙進忙出，我突然一陣天旋地轉頭暈想吐，獨自一人在山上，萬一眞的昏厥怎麼辦呢？十幾年前曾發生過類似毛病，但已經多年未再犯，

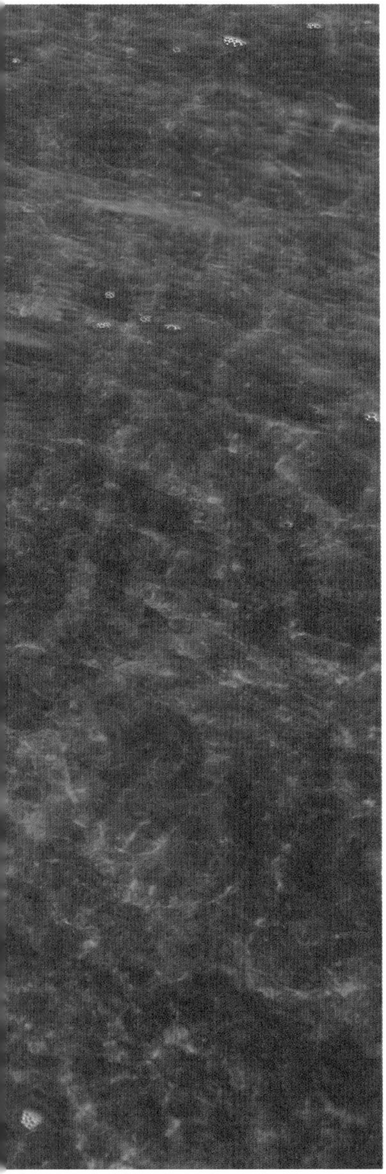

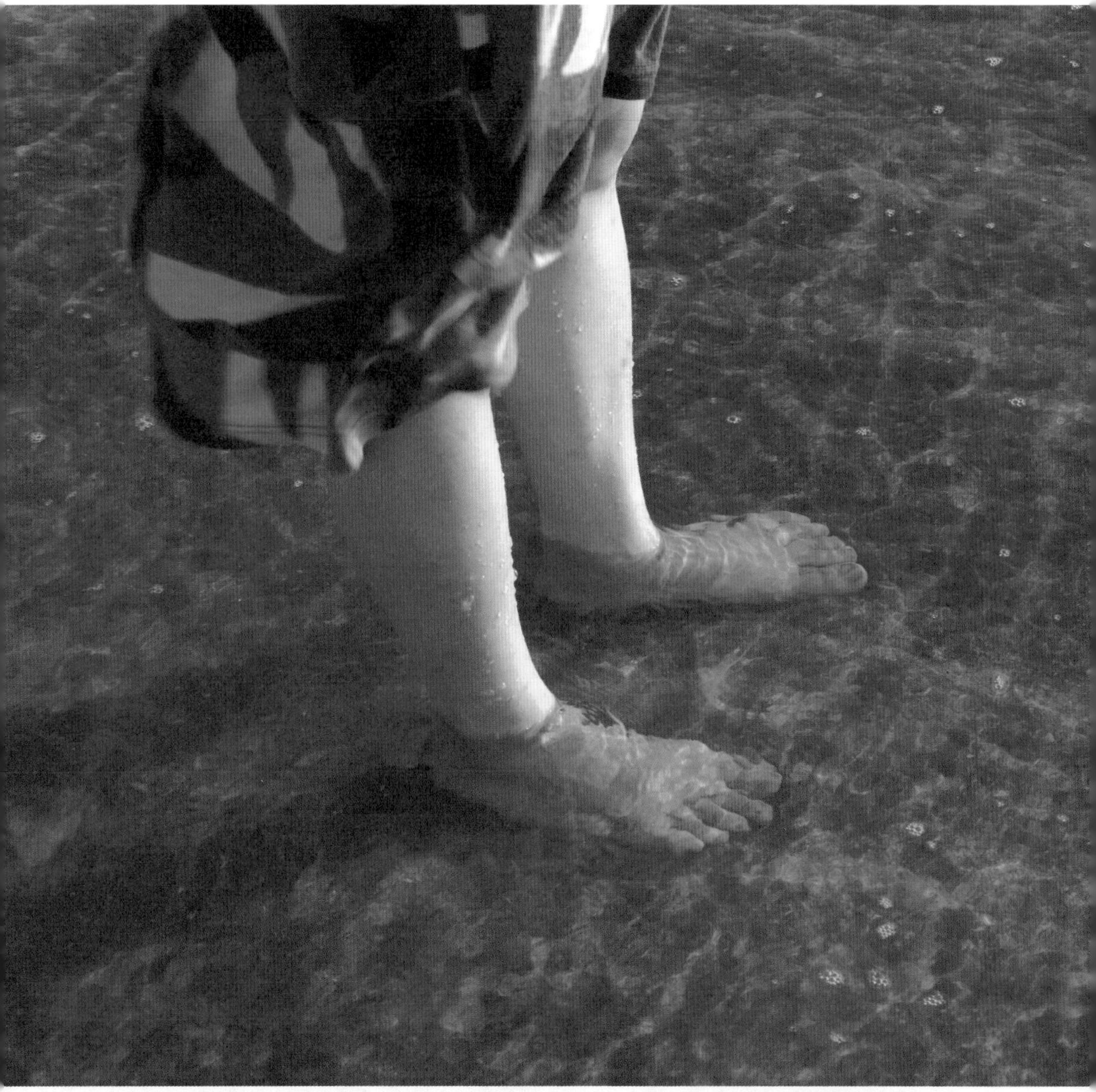

▲只有到了走投無路，才願意試試「泡腳」這個看似平凡無奇，卻是日後可以產生極大效果的修行法門

那天不知什麼原因，又發作了。（註：累積壓抑的情緒感受，最後會在身體形成能量印記，引發種種疾病，多數會在中年發作。）下意識趕緊打電話向老師求救，老師問我此刻能不能端起臉盆去泡腳，我努力撐著身子備好鹽水泡腳，老師則在電話那一頭說：「來，眼睛閉起來靜坐，聽著我的聲音……你不是這個身體，不是這個知覺，不是這個頭暈，把它們都捐出去，捐給天地塵埃……」老師話都還沒講完，我已經恢復正常，在電話這頭大叫：「好了，好了，不暈了！」邊說邊哭，哭得淅瀝嘩啦，好像這幾十年來身心所受的苦痛和心靈的磨難全都在那一刻與塵剎合而爲一。

我其實不太認識老師，也不知道他有什麼特異功能，爲什麼只是鹽水泡腳、靜坐、說了幾句話，天旋地轉的頭暈就消失，恢復正常。那一盆鹽水到底蘊藏了什麼秘密？畢竟當時已經完全沒搞頭了，無法工作、身無分文、負債累累，無處可逃，唯一能做得就是天天泡腳。這

一個人要經歷多少次挫敗、失望、絕望……才肯不甘不願地安定下來「回到老實平凡」？

件事雖看似再簡單不過，但因爲體質敏感，每天都有不同的身心反應：昏、麻、刺、痛、脹、打嗝……我認眞觀察記錄下變化，起伏不定的情緒似乎也逐漸緩和。

從小爲治療靈異體質，到成年後因爲工作需要，遠赴世界各佛國及喜馬拉雅山等聖地採訪拍片，我見識了各形各色的修行人。當一個人內在生命主軸未確立之前，一般人只能憑外在條件判斷，廟多大、高僧多有名氣、在幾千公尺高山閉關、媒體報導……如今，因爲親身經歷教界內外各種現實、爭鬥，早已「破相」，不再受外相蒙蔽，直接看入本質；同時「厭離」——對世俗不感興趣，眼光從執著於外相，轉爲向內；這才明白何謂眞人不露相，露相非眞人。雖然對這位老師的印象模糊，但從簡單幾句的對話內容，以及隨之引導操作，身心所產生的變化，我知道他是眞人，從外相看不出有任何特別之處，但內心升起莫名的尊敬與信任。

回到老實平凡

從那次神奇停止暈眩的經驗後，我便將泡腳清理能量視爲天天洗澡一樣的日常，即使去參加各種需過夜的工作坊課程，都帶著臉盆，就怕敏感體質容易感染外界能量。

有一次，遇到一位非常善於引導學生從外在身體、進入內在的外籍老師，就在他循循引導團體靜心時，我突然發生一種超越時空的感受，全身顫抖、淚流不止，內心明白過去那些受害的感受和痛苦眞是一場天大的誤會；那當下，我感到自己是如此被宇宙存在深愛著。靜心結束，外籍老師問我剛剛發生了什麼？第一時間，我連嘴巴都打不開，只是淚水撲簌簌地流，那樣強烈的振動，感染了一起上課的同學，許多人都跟著流下淚來。

我認眞的記錄當下的感受，現在再看筆記本的筆跡，每個字都在顫抖，可見當時有多振動。

當天晚上，我與沖沖跟老師分享這麼深刻的體驗，老師安靜地聽完我的描述後，直接問我：「那現在呢？」

「現在……我正在跟你講話。」

「還有那些感受嗎？」

「……」

「思惟如同一串念珠，一個念頭跳到下一個念頭之間，雖然是有空隙，但是人們無法察覺，以為念頭像流水一樣一氣呵成。自我的概念就是這樣形成的，人們把這個『一氣呵成』的念流看成是恆常、真實的我。所以現在你要看著那個念頭，當你看著那個念頭時，其實那個念頭就已經不在了，這個『不在』的狀態，就是念頭與念頭中間的空隙，這就是『靜觀』。」

啊！原來那一刻的感動，充其量就是一次靈性的「高峰經驗」，在許多靈性團體中我經常發生類似的經驗，當下眞以爲那就是某種程度的到達。

「高峰是創造出來的，它可以被創造出來。但，只要是被創造出來的，就必然會回復於未創造之前，這是一般人忽略的。」老師接著說：「的確，多數人很不容易回到老實、平常的生命狀態，大家總是希望自己很不平凡……。」

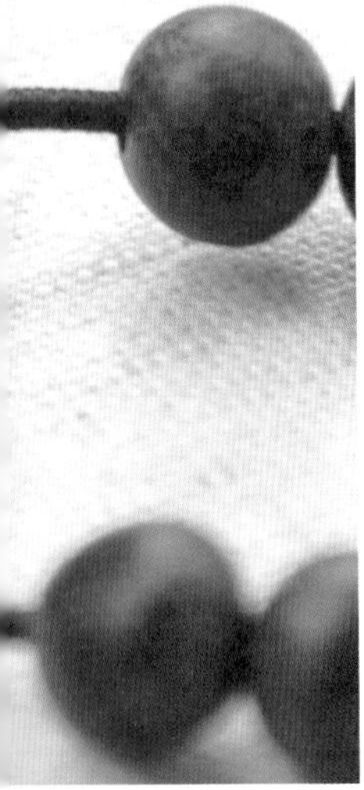

▲當你撥著念珠時，看得見一顆顆念珠中間的縫隙嗎？那是能使你鬆脫念想黏力、進入靈明覺性的關鍵！

我曾反問老師：「你也有這樣的經驗嗎？從高峰回到老實、平常？」

「發生那類境界之後，我最後『認出來』了！我看穿一切高峰都無法維持，把高峰經驗認真了，就離真正的自己越遠；當我有了這個感觸，就老實了。平常心就是認出任何顯現的都會離去——包括憤怒、生病、恐懼、焦慮；當它來了，就對它說『嗨，你好』；離去了，就對它說『啊，你走了』。你以為壞的，想去之而後快的，反而是無害的；你以為好的，想盡辦法要保留的，反而是無益的。平常心是很有力量的，不僅比任何高峰經驗更能讓我們看見生命真相，還能幫助我們與苦難成為益友。」

「能體會到平常心很有力量時，就能理解何謂『自然』；因為自然，所以能夠放下，否則我們總習慣『人為』主導、扭轉事物，使它成為我們想要的樣子，我們總認為要用意志力戰勝一切，否則就是軟弱、無所作為。我們不知道還有一種知識是發現：人為的就不是天、天然，那是多出來的東西。所以老子說『為學日益，為道日損』。進入生命領域，秘訣就在減損，只有一再自我減損，直到減無可減，我們才會發現——內在那個永不會減損的寶藏。到這時，才能體解《心經》經文『不垢不淨、不增不減』的真諦。」

行筆至此，想起十幾年前我還在追求「神秘體驗」那階段，有一位靠把脈看前世的老師告訴我：「妳需要要找到一個很『空』的師父，才能吸掉妳那麼多的『我』。」當時似懂非懂，但記住這話了。其實，我從沒把它放心上，或認眞去找那位「空」師父。這次我經驗到——當學生準備好，老師便出現了；只是，沒料到原來這個準備工作竟然是先要**自我毀滅**！

▼陽明山房子未經整修，我就必須入住，落難的人連先行準備的機會都不會有

▲屋漏偏逢連夜雨，入住尚未整理好的小屋，緊接著遇上三個大颱風，陽明山停電硬是比山下多了好幾天

▲外在的狂風暴雨呼應著我內心的風暴，絕望中點亮一盞燭火，才意識到自己「還活著」

旅卦——驛馬頻動的人生

〈旅〉卦的神奇預言

在生命主軸未確立前，凡事沒有底氣，理性的人遇到問題靠分析、資料蒐集；感性的人靠求神問卜；有人或許自以爲兩者皆備，最後其實只是把自己整得精疲力竭而已。當意志薄弱了，占卜看運勢是多數人會做的事，我也不例外。印象中，引導我用鹽水泡腳、潔淨能量的那位老師是易經大師，我知道他不喜歡隨便爲人占卜，他認爲那只是給人暫時的安慰劑，不是究竟解決之道。但我非常想知道，這麼狼狽的運勢到底何時才有盡頭？所以只好硬著頭皮碰運氣，尤其在我已見識過各種奇人異士後，更想看看這位外表樸實、不顯神通、不會發光的老師，他會如何詮釋這個潰敗的我。

答案是：〈旅〉卦！相當符合我當時的生命意象，從這裡移到那裡、居無定所。

在走到今天這一步之前，我可是堂堂金鐘獎得主，老師說那時的氣勢爲〈豐〉卦——盛大、得衆所歸。不過，〈豐〉卦也預告我們，當事情發展過度盛大時，就會反轉，以致無法保持成果，最後變成「失其居」的旅人（〈旅〉卦特質），既無處可容身、願意來親附的人也少了。

的確，從搬離市區的那一天起，我同時也結束了媒體事業，解散工作團隊，開始一個人離群索居的生活。

如今，距離那潰敗的歲月又過十年，生命已經建立主軸。終於明白，萬事萬物都是流動、無常的，我們沒有一刻不是處在「失其居」的狀態。只是，當我們仍是充滿生機活力的年輕人時，比較不會意識到生活中有「失其居」的現象——雖然確實有這麼一回事，但這個現象，不是年輕人關心的課題，所以他自動有看沒有到。

不過，這個現象會在某一個年紀之後（大約三十五歲前後）逐漸被人們看到、並且親身經歷，譬如因爲愛情死亡了（或離婚、外遇）、事業死亡了（或轉換跑道）、親友凋零、健康出問題……，在在讓人感覺到生命無常，但對於改變這個困境卻又無能爲力。

《佛國之旅》得獎之後，我的確在「失其居」中結束了事業和愛情，獨自一人寄居山上，雖然這次只是上海拔三四百公尺的陽明山，但卻是能夠讓我稍事喘息，而非奮力攻頂的高山。遙想悉

▲流浪是為了找回家的路，但人們經常就自此迷失在五花八門的迷幻世界中了

達多太子二十九歲時，以極高的熱情去找尋眞理，萬緣放下、走向山林；而四十歲出頭的我，雖然如孔老夫子說這是不惑的年紀，我卻是萬念俱灰，不得不往山裡去，兩者眞是天差地別，讓人感慨萬千。

年輕時埋頭攻頂，雖然不知道山頂是什麼風光，可是心情就像鮭魚返鄉般，被一股無明的趨力推著向前，既不遲疑，也不質疑，有一種「雖千萬人吾往矣」的雄心壯志。當時母親常對我說的：「文瑜啊，你摸天秤秤。」(不知天高地厚)是的，年輕人就是靠這股不知天高地厚的力量去打天下、攻山頭的。因爲初生之犢不畏虎，才敢去衝撞；無視前途未卜，不在乎成敗得失，全然無懼，只管一路朝著自己的目標邁進。

年紀漸長後，我看見自己和朋友們在命運關鍵轉折處分爲幾類型，多數人爲求穩定的生活，選擇留在組織裡，少數人也許能飛黃騰達，更多人其實是委曲求全，長期忍受不公平、不合理的待遇，爲五斗米折腰，當初入行的熱情，一步一步被現實澆熄。尤其來到中年，更不能像年輕時那樣任性、輕易跳巢。放眼望去，職場上的好位置都被卡好了，內心更是憂懼不已。至於那些被熱情所驅策，選擇離開體制者，有人成功、有人鎩羽而歸，到了中年便開始質疑自己當初的決定到底對不對？年輕時一股腦的熱情、衝勁在這個階段已經開始不管用了，無論決定要做什麼，總是瞻前顧後，就算仍有理想，也不敢輕易點燃它，因爲擔憂成敗，害怕未知。

你害怕失業，所以忍辱負重守著飯碗；你害怕寂寞，所以走入人多的場域，想在裡面互相取暖；你害怕自己的生命沒意義，所以要多做善事；你害怕不被愛，竭盡所能討好；甚至你不想面對挫敗的自己，而選擇孤僻離群，這一切作爲的底層，全都出於——**恐懼**。

我們愈接近中年生活，就愈不自覺想鞏固個人的觀點和社會地位，以爲這才是正確的道路、正確的理想和正確的行爲準則。我們把眼前的地位、成果、見解，看成是可以一直有效支持我們人生的基礎，終生不渝地堅守著它，並把它當作一種美德。我們完全忽略了榮格所說的基本事實：「為社會所讚賞的那些成就，是以萎縮自己的人格為代價而獲得的。」

無法逆轉的中年旅程

老師用《易經》爲我勾勒此刻面臨的〈旅〉卦景象：

當我們年輕時，內分泌的生機相當於春天，所以下一步看到的景象、未來前途，也都能充滿生機，那時眼中無「衰老」，衰老的意識不會進入年輕人的腦中，所以年輕人總是生氣勃勃，挫敗難不倒、挑戰打不倒。當夏天來臨，太陽直射北回歸線時，太陽力量已經最盛大，相當於

▲沒有根的人，必須不斷從名利、愛情、事業、旅行……找到任何一處可以「黏住」自我的地方

一個人的壯年。無可避免的，接著太陽將回歸南迴歸線，人們內在生機趨緩，向上奮進的燃料漸次遞減地熄滅……。

屬於我的夏天、壯年具體成果是二〇〇六年攻上山頂，摘下一座金鐘獎。《佛國之旅》是我第一個製作、主持的節目，沒想到初試啼聲就拿獎。當然，那時也不會看懂這不過是日正當中的年輕「氣數」，夕陽西下的「數」已經在轉動。但，不懂這原理的人，會很自然地在這個階段想要再攻另一座山、換個跑道、或東山再起，運氣好的或許可以多撐幾年；不過，如果你夠敏銳，就會發現不管怎麼換招數，都無法再像年輕時期，對世界充滿好奇，感到生意盎然、百花齊放。當人來到這個關鍵點時，其實已經招數用盡，就算別人看不出來，自己內心深處都清楚那些都是老招了。

那一座獎、那一座山頭是我從年輕一路往前衝來的，現在沒有力氣，也沒有新鮮的眼光。更要命的是，我原本奉爲圭臬的佛法，以及部分因持有法而佔在領袖位置的大師，完全不是「我以爲」的那個充滿上升力量的理想形象，那些表裡不一的人如何引領我探索眞理，引導我走向解脫呢？剎時間，我覺得過去所累積的武功全廢，喪失意義，生命失去目標了。正如〈旅〉卦描述的「旅焚其次」——自己安身立命的基礎被燒掉了。

對芸芸眾生而言，安身立命的基礎被燒掉，的確令人非常驚恐；爲了不讓自己走到這一步，多數人在瀕臨絕望時會努力「撐住」。殊不知，這樣「撐」，不只影響身心健康，更延緩生命成長的進程。請你試想，兩千五百年前那位悉達多太子如果不是對城門內的生活徹底絕望，怎可能逃離皇宮、逾城出家？你想，他做了這個決定後，還會給自己留一條後路嗎？出家，只是一個比喻，象徵著你想改變生命始終在老舊軌道打轉的決心。老實說，要升起這個決心，對一個中年人來說是很不容易的；一個人如果沒走到絕望的境地，只要他心中還懷有那麼一點點希望，即使只是一點點，即使非常卑微……他都會努力想要撐住，如此，舊的生命就無法毀滅。遺憾的是沒有毀滅，何來重生？

◀努力撐住避免生命毀滅，其所造成的內傷與後果是你眼前難以想像的。圖為尼泊爾「苦力」

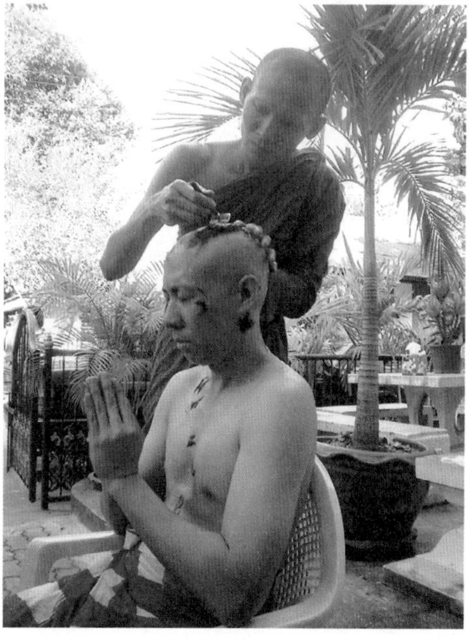

◀剃度出家是自己跟自己宣示，從此離開老舊（世俗）的生命模式，邁向光明智慧（出世）的旅程

▲遇見病者

▲遇見老者

▲遇見沙門

▲遇見亡者

◀悉達多太子四門遊觀圖：從錦衣玉食走出皇宮，他見到老者、病患、死亡的景象，使他心生警醒，從此立志尋找生命解脫之鑰

從外在恆河到內在恆河

「這裡是所有人都強烈渴望要看一看的國度，只要看過一次，即便是瞬間的一眼，相信也不會有人願意將這短暫的一瞥與世界上其它的風光奇景交換」——馬克吐溫

三千年前的紐約——瓦拉那西

走一趟恆河，你就完全明白為何稱Incredible India——不可思議的印度。

印度人用恆河水拜日、沐浴、洗衣、火葬，它既骯髒又聖潔。這條承載著生與死的河流，不只印度教徒一生中一定要去一次，也是佛教徒未到千般恨不消的朝拜聖地，親眼見證恆河沙、恆河水是此生重要的儀式之一。敢問去過的朋友，您真的覺得恆河水很神聖嗎？你敢跟印度人一樣，朝自己的頭上淋下去嗎？

三千多年前迦尸古城，人口約有三百五十萬人，是印度教七大聖地的第一聖地，擁有兩千多座神殿，是印度當時最重要的宗教文化中心。直到現在，瓦拉那西依舊人文薈萃、商賈雲集。

釋迦牟尼佛在菩提迦耶證悟之後，自然選擇來到此地作為傳法的第一步。祂走了兩百多公里才來到迦尸城——也就是現在的瓦拉那西。迦尸的意思是光明，因為這裡曾經聚集了無數的智

者教導離苦得樂的智慧之光。後來從天而降的濕婆神整治河水氾濫，並且承諾永遠保護它，於是迦尸又有了另一個稱號——不離之地。

在印度被英國殖民時代，此地又稱爲貝拿勒斯。到了一九五六年才正式命名爲瓦拉那西，因爲這個城市正好位於恆河和瓦魯那河，以及亞西河的交會之處，所以叫做瓦拉那西。又十一世紀曾經被伊斯蘭統治，因此留下許多清眞寺，使得整個城市景觀充滿了異國風采。

二〇〇五年，佛國之旅團隊跟隨佛陀足跡、尋找光明覺醒之路，我們一行人從菩提伽耶拉車十幾個小時，抵達了印度最大的聖地——瓦拉那西。

▲印度儘管王朝更迭，不變的是諸大國王都會在瓦拉那西的恆河河階上建立自己的行館。圖為目前改建為精品旅館的 BrijRama Palace 塔樓俯瞰恆河景

▲沒有人會錯過迎接瓦拉那西清晨東方那神聖的第一道曙光

清晨五點、天矇矇亮，恆河上已經擠滿了來自世界各地的遊客，除了觀賞恆河日出之外，最吸引人的莫過於在河上、岸邊的人文宗教風情。河階祭壇上的婆羅門搖鈴誦經；瑜伽士向著遠方的太陽，持誦咒語；穿著莎麗的印度婦女，雙手合十高高舉起、對著上天祈禱；小孩則乾脆縱身一跳，直接到河裡游泳。不管河水乾淨或骯髒，不論天氣陰晴與否，這似乎像是古城子民的生活儀式。人們說印度只有神話沒有歷史，而瓦拉那西就是一個把時間拒於門外的古城，三千年來人們在這裡重覆著盥洗、沐浴、淨身、拜神，在我看來，印度人是直接用生活來保存歷史。

恆河女神接引下的死亡

長達兩千五百八十公里的恆河，悠悠地畫過印度。地理學家說，瓦拉那西是印度UP省的大城，恆河從喜瑪拉雅山脈進入平原的起點。而印度信仰文化則更有詩意地描述，瓦拉那西是恆河女神從天上來到人間時第一個碰觸到的地方。沒錯，這座聖城是印度人的驕傲，是將印度神話歷史保存得最完整、表現最淋漓盡致的地方。雖然印度雖然到處都有聖地，但是沒有一個地方可以跟瓦拉那西相比，在他們的心中它是這塊神秘大陸上無可比擬的至聖之城。

傳說印度女神Ganga順著濕婆神的頭髮降臨凡間，化身爲恆河。河水流經「瓦拉那西」時突然轉了個大彎，壯闊的河道清楚分隔了東岸的荒涼與西岸的繁榮。當我們順著水流拍著兩岸的風光時，導演和攝影師突然離開鏡頭，轉過頭來久久不願再回頭拍攝……原來一具未燒盡的屍體漂流入鏡了。在西岸綿亙數公里的河階浴場，是Ganga女神接引脫離皮囊的靈魂返回天堂的最後一站。位於瓦拉那西恆河畔的馬尼卡尼卡是印度最神聖的火葬場，據稱這裡的火，千年來從不曾熄滅。印度教徒認爲，拖著垂死之身來此等待死亡，死後燒化，將骨灰投入恆河，是這一生最吉

馬尼卡尼卡露天火葬場，火苗千年不曾滅，同時又面向日出東方，使我頓時明白——即使面臨最終的死亡，火苗、太陽依舊「生生不息」

祥的善終。

除了對死者的救贖之外，恆河還能淨化生者的靈魂。所以瓦拉那西每個河階都擠滿了人，因爲人們相信哪怕只是一滴恆河水，也能洗淨最深重的罪業，使人的靈魂潔淨如新。

相較印度人看待生死的態度，華人顯得嚴肅許多。二十年前拍片未燒盡的屍體入鏡，不是只有我驚嚇而已，連高大魁梧的大男生都嚇得臉色慘白。二十年後，再回到瓦拉那西，那天清晨很特別，我直接走入火葬場，不但沒人阻撓，還遇到專人解說，那是一位長年在火葬場長者，他帶我們參拜三千五百年來從未熄滅的濕婆神之火，所有往生者家屬都要在那裡取得火苗，然後身著白衣的男子即該家族當天負責點火燒化的孩子，如往生者是父親，由長子點燃，如爲母親，則由么兒點火。現場沒有孝子哭墓，也沒有誦經聲，所有人只是按部就班，不疾不徐地火化一具又一具的屍體，那是他們的生活日常。這一次，我靜靜

十三歲頓失父親，一生追尋生命的解答，終於在五十知天命時懂了！這次，我終於可以步履踏實穩定地離開火葬場

▲瓦拉那西千年不變的夜祭，神聖嗎？外行人看熱鬧，內行人看門道囉！

地、定定地看著裹著白布的屍體火化，從肉身到白骨，最後化成灰，塵歸塵、土歸土，然後投入Ganga母親聖河，再度回歸大地之母的懷抱。

祭典與婆羅門

夜空如果沒有星光，人們就不會抬頭仰望；瓦拉那西要是沒有祭典，就失去最耀眼的光芒。每年總有數以萬計的遊客和旅人，帶著無盡的好奇湧入這座聖城，想一窺它的神秘，那是蘊含著對永恆生命的渴求所發展出來的儀式。無論你心中的信仰是什麼，都很難不被他們無限虔誠奉獻的身影所感動，畢竟潛藏在種種繁複儀式下的，是人們渴望得到的救贖。

印度婆羅門教的基本教義是「祭祀萬能」。在久遠前的神話文獻中就記載有國王們舉行奢侈的王祭、馬祭、牛祭等，而在祭祀中最不可或缺的主角卽火和水。恆河岸石階上的婆羅門先用磚塊圍成一座火爐，然後以牛糞燃起，進行火供，主祭者一邊誦唸吠陀讚歌，一邊用木杓將融化的酥油適時添加在火中，他們的手勢、動作和儀式，三千年如一日，如果你去博物館參觀，甚至還會看到它和西元一世紀的雕像一模一樣。

夜祭時的恆河一掃白晝的吵雜與混亂，只有讚頌濕婆的歌聲與搖鈴聲祥和地飄蕩在空氣中，地上的燈火呼應著夜空的星光，整個恆河充滿著虔誠神聖的氛圍，不知觀禮的人們是否也隨著照見一絲內在的心光呢？

祭祀的另外一個主角非水莫屬。只有體驗過印度酷夏四十五度乾熱的人，才會了解浸泡在水中的清涼愉悅。不禁使我聯想，水，既然能夠洗去身上的泥塵污垢，那一定也能洗去看不到的無盡苦業，讓生命回到純淨無垢的狀態，於是主掌神職的婆羅門，便將這種思想轉化爲實際的儀式，使信仰有如基因般鑲嵌在整個民族的生命中。

在原始梵文中，婆羅門 (Brahmins) 的意思是淸淨的人、覺醒的人。如今時代變遷，誰是實修淸淨之道的人？誰是眞正覺醒者？在恆河邊祭壇上的婆羅門，都夠格被稱爲婆羅門嗎？

爲了節目的拍攝需要，我們找了當地朋友，請他引薦一位「眞」的婆羅門給我們。這位看起來頗有年紀的婆羅門，一身破舊白衣、有著長長的捲髮、隨時赤腳走路。他說每天醒來後的第一件事便是跳進聖潔的恆河裡沐浴，結束後再回到神廟準備請神的儀式。

他先將額頭靠在林迦（Linga，代表濕婆神的形象）上專心一意地祈求，進神廟前還用雙手撫摸神像，希望得到神的力量。點盞燭火與神溝通後，雙手覆蓋火苗，輕輕觸碰自己的眼睛，再塗些香灰在臉上，儀式就在一禮請一禮拜之間完成。

我們年輕力壯的攝影師扛著當年那麼笨重的攝影機，跟著老婆羅門的步調，亦步亦趨拍攝他的一日作息。事後攝影師說：「他的行動太快了，我跟得很吃力，總覺得自己跟不上，可是奇怪的是我竟然都跟上了，而且也不覺得累，該拍的鏡頭也都拍到了，我甚至懷疑這是不是我拍的。」影片中的老婆羅門爬著階梯的背影，看起

▲左上煙塵迷濛處就是火葬場，相距才幾百公尺，人們已無所避忌地戲水，生與死的距離是這麼近

來既壯碩又年輕，完全不像一個白髮蒼蒼，瘦瘦高高的老者。

婆羅門說：「其實祭典禮拜只是儀式，最重要的是在禮敬神明時要專心一致，因為信念可以主宰一切。祈禱時不帶任何欲求，神自然有它的安排。」

遠古的婆羅門教並沒有創教教主，它的起源是古代亞利安人中有一種自稱爲婆羅門的階級，專門從事敬神祭祀等宗教儀式，於是後來的西方人就將婆羅門所倡導的文化與宗教思想行爲泛

▲當年托印度朋友之福認識了這位真正實修的婆羅門

稱爲婆羅門教。而婆羅門教最根本的經典稱爲《吠陀》，根據他們的說法，這是古代仙人受到神的啟示而頌讚出來的詩歌，它是印度最古老的聖書，「吠陀」的原意是知識。掌握祭祀的婆羅門就等於掌握了知識，掌握了知識也就掌握了權利，婆羅門在人民心中就是與神溝通的最佳媒介。爲了傳遞這種文化，早期婆羅門以師徒口耳相傳來持守婆羅門教的思想知識。直到很晚期才行諸文字，而集結出的婆羅門神聖典籍稱爲吠陀文獻，也就是印度思想的源頭，在歷史上稱這個時代爲吠陀時代。

神秘的內在恆河

不能說現實的恆河不神聖，但嚴格講起來，恆河指的是人人內在的靈性通道——中脈，這條中脈在外部世界的顯化便是恆河。人們以爲跳進河裡會變神聖，想透過外在的作爲達到內在的救贖，可能嗎？《大智度論》說恆河是「若入中洗者，諸罪垢惡，皆悉除盡」，表面上它像是在講外在的恆河，事實上它是在講人人內在的恆河，我們必須去內在找這條恆河，當它被你找到時，外在恆河的能量才能夠呈現出來，讓內外皆神聖。

記得在印度某一夜濕婆神特別慶典裡，我當時還是帶著「佛弟子」的偏見去拍攝這個慶典，那時我跟攝影說：「這只是印度教慶典，無關緊要，你就隨意拍吧。」因爲沒有我的戲份，所以我自顧自地坐在河階觀看慶典的進行。儀式進行到中場，我感到越來越喜悅，接著整個人輕飄飄，幾乎沒有重量。我聽不懂頌文，便請教一旁的導遊：「現在祭典進行到什麼階段了？」

他說：「喔，現在濕婆神來了！」是因爲我感應到濕婆神，才這麼舒暢嗎？二十年後，我再次參加夜祭，依然和當年同樣的感受，身體感到輕盈，不斷生津，內心感到喜悅、祥和與寧靜。

如今學了《易經》，內在的光明力量（陽氣）已經被喚醒，回憶起當年的身體反應，才了解那就是陽氣的特質——「清」者上升，難怪身心感到輕盈愉悅。以此類推，相對應的陰氣則是濁者下降，當生命被陰氣主導，就會變得沉重晦暗。當內在能量越來越純粹，最後，原本潛藏的陽氣將螺旋向上，穿過七個脈輪，連結宇宙能量源頭。陽氣螺旋向上的通道其實就是我們的脊椎，這個通道卽是「內在恆河」，陽氣就是恆河水，當內在的恆河能夠向上流動與上天聯結，我們就進入永恆——這才是進入眞正的恆河，這時的恆河水才有潔淨生命的實質力量。

恆河聖水、麥加聖石、耶路薩冷哭牆都很神聖，但如果我們內在沒有同類共振的品質，又如何能映照出神聖的特質？因此，那個內在的清淨本質，必須先被你看到、經驗到、並且健全起來，整個生命與之合一，外顯的恆河才能產生神聖作用，否則任何儀式、實物，都只是外在現象，產生不了實質的作用。

外在幻象與內在眞實

一般人以爲人生的價値就是建立在個人的充分發展、家庭美滿、事業成功等外在人事物上，所以當他突然失去至親、舞台、掌聲、頭銜時，便陷入無法掙脫的痛苦折磨。因爲人們平常就糾纏在相對性的「二元」泥淖中，丟掉自認爲壞的、醜的、貧賤的，揀取自認爲好的、美的、富貴的；這樣慣性的「分別」習氣，會讓人塑造出一個牢不可破的「物的模式」——也就是他隨時都有個「實體物」的感受。好的、壞的，都以「它是實體的」的方式去感受——雖然這只是一個感受，一個概念，但對他而言卻像實體般眞實可靠，拿走它，會讓他痛徹心肺。這種人無法認識「祭祀」的意義，無法理解法會所要達成的作用，當供品少了一樣，祈求少了一項，

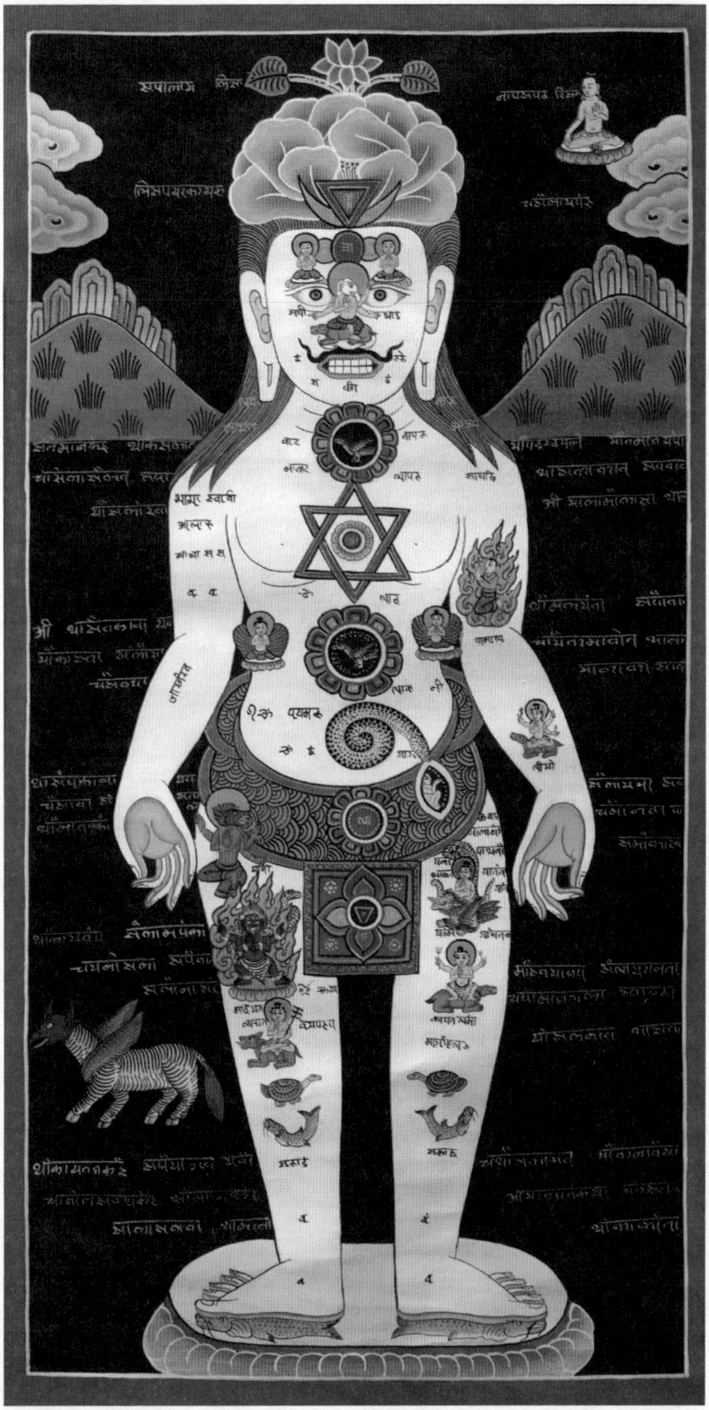

▲當內在光明甦醒，你會經驗到身體的每個部位都有不同的「神」坐鎮，你與神無二無別。

濕婆神髮髻中包覆的是恆河女神，恆河就順著濕婆神的頭髮流淌下來

他就不安了。他以爲可以爲自己、爲父母、爲妻兒祈福，在他的理解中，祈福就是請神把某種具體的東西給出來，給特定的人，所以他要用物質面的成果來檢驗法會或祭祀是否有效。他無法了解**眞正的法會是要讓人進入無所求的境界，然後在無所求、無所得中，脫卸生命的重擔**。

老實說，這麼講很難讓人接受，但看看那位老婆羅門爲我們示範的「淸淨」祈禱，就可以理解了，他說：「祈禱時不帶任何欲求，神自然有祂的安排。」因此，眞想要得到神的祝福，請先放下欲求，毫無恐懼，毫無異議地聽從神的安排，信任祂會給你最好的安排。

各種儀式、法會只對覺醒的人產生作用；反之，就只是徒具形式，無法改變命運，更不能滋養生命。

覺醒的人才能見到二元表象的荒謬，在不分裂的一元中，體驗到恆河純淨的能量——恆河無法滋養不同頻率的人，你不用跳進河裡，因爲在二元分裂中，衛生與不衛生、乾淨與骯髒是同時存在的，你跳進去極有可能是會生病的。

傳說恆河的起源是印度賢明的跋者拉達王，他爲了度化落入地獄的六萬祖先靈魂，發願苦修持戒，因而感動梵天與濕婆神，於是梵天說服Ganga女神（恆河女神）從天界降到地上來。河水一路從喜馬拉雅山區奔流而下，就如故事中所說，濕婆神綿密的頭髮承接住洪流，恆河一路漫流一路匯聚，聖水所經之處全都被洗滌得聖潔無比。而在完成淨化天、人、冥三界之旅前，Ganga女神在途中爲濕婆神找到了凡間的寓所，也就是聖城瓦拉那西。而跋者拉達王爲祖先持戒苦修的行爲演變至今就成了佛教的盂蘭盆超度亡魂法會。

宗教是印度風俗與文化的根本，隨著各種宗教節慶活動又衍生豐富的音樂和舞蹈，傳說印度音樂舞蹈都源自古老的吠陀經，爲濕婆神所傳授。因此，濕婆神也稱爲舞蹈神。二十年前，爲了介紹印度舞蹈，我到南印度採訪一位跳舞的女孩，她說跳濕婆舞時要用到身體每一個部位，眉毛、鼻孔、眼神、嘴角、手指、腳趾……等全身都在跳舞，無論生氣、快樂各種情緒都要用全身的力量展現。這使我聯想到人的情緒不也像濕婆神舞蹈般，隨時牽動一個人的身體嗎！

憤怒、恐懼、悲傷……等情緒應該有不同的呈現或表達，但因爲文明或傳統的種種制約，讓人不得不壓抑各種情緒表現。相較於動物，它們不知道什麼是壓抑，所以狗受驚嚇時會抖動全身或逃走，而人類因爲壓抑、表面雖不反應，

情緒卻一點一滴累積在身心系統，許多壓抑的情緒、創傷、驚嚇就在體內產生凍結或鬱結，最後導致生病。身體是一個系統，像個小宇宙整體運行，頭痛醫頭腳痛醫腳，或壓抑情緒都無法徹底解決問題，反而因爲刻意地忽略，讓能量扭曲而幽微地黏附在我們的神經系統和更精微的脈輪能量中。

生命沒有出路、充滿沉重感？若能進入內在恆河，你會感到喜悅輕安，內在「輕」、「清」的力量自然能展現出來。有證量的法會或工作坊，會讓身體有輕的感覺，但那都是短暫、靠外力來的；更何況沒有證量的祭典或法會，恐怕只是慶典般熱鬧一場，對生命的幫助微乎其微。

當一個人的身心精微能量清理後，他本有的狀態會自然展現出來，這時《心

▲ 18 年前，我入境問俗向恆河女神獻上花與燭
▶ 18 年後 (2023 年)，同樣手持花與燭，卻因心燈已亮而光照大千

經》所說「不垢不淨、不增不減、不生不滅」，就不再只是平面的經典文字；而是能夠被你看到、經驗到，並且清楚知道：祂，從來沒有離開過你！所以《中庸》說「道不可須臾離也」，可以離開的，就不是道了。

▲當一個人的生命有主軸之後，自然不再拘泥於宗教的外相，而是直接進入「道」，印度神話、佛法、易經、中庸……談的都是同一件事。圖為印度勝利門恆河女神，祂背對的是濕婆神

拼湊香格里拉

從什麼年紀開始，過去的記憶變得不再鮮明？卽便是如此，你也不可能忘記那些曾經發生過的事。事實上，任何發生都會留下印記，無論深淺；它不會因爲你以爲「年代久遠」、「已經過去了」就完全消失；相反的，那股能量印記會存在身心系統，不時抽動你，一些莫名所以的病症、或是突然的意外、甚至猝死，就是這樣發生的，而發生的年紀通常就在中年以及中年之後的歲月。

就這麼巧，書寫此文時，FB跳出九年前的六月二十九日「歷史上的今天」，那時我在悲苦中「轉山轉水轉經輪只為與你相遇——《六世達賴情詩》」抵達當年搭乘高海拔蒸汽火車，卻無緣與情人再相逢的印度大吉嶺。

大吉嶺喜馬拉雅鐵路位於印度、孟加拉、尼泊爾三國交界處，興建於十九世紀的英國殖民地時代，已經一百二十年歷史，是全亞洲最古老的登山鐵道，世界知名大吉嶺紅茶就是搭乘這一列列宛如「玩具火車」的迷你蒸氣小火車、沿著高山鐵道運往世界各地。一九九九年，更被聯合國世界遺產登錄爲全球第二條、亞洲第一條世界文化遺產。據悉，鐵路全長僅八十八公里，沿線海拔卻高低差達兩千多公尺，由於山路曲折，它幾乎運用了所有登山鐵路的精華技法，包含：馬蹄型、之字形、螺旋路線以及登山蒸氣機車，堪稱人類工程奇蹟。

大吉嶺地名源自於藏語金剛杵（dorje）之地（ling），曾為錫金、尼泊爾屬地，
複雜的歷史背景，一如我當年初次踏上此山城的心情．攝影 王慶中

▼即使登上聖母峰感動萬千，剎那也無法化為永恆

大吉嶺喜馬拉雅鐵路從海拔一百一十四公尺的New Jalpaiguri，一路爬昇到海拔兩千零七十六公尺的大吉嶺。鐵道沿線幾乎與民居店家相鄰，伸出手就可以跟商店購買零食。蒸汽火車蜿蜒而上的最大亮點是——在鐵道最高點Ghum 兩千兩百五十八公尺，眺望喜馬拉雅山的世界第三高峰——海拔八千六百零三公尺的 Kanchenjunga（金城章嘉峰）。

行文至此，使我想起十年前也曾在尼泊爾搭直升機，從機長座窗望出去，幾乎貼近聖母峰（或稱珠穆朗瑪、艾佛勒斯峰，海拔八千八百四十九公尺），巍巍高聳的銀白雪山映入眼簾當下，讓我一度忘了呼吸、忘了身在何處，直到感覺加速的心跳，才知道我還在地球上，此情此景至今仍震懾人心。

人間、天闕如此靠近，那又如何？

如果不是因爲製作節目，我這個肉腳都會女子應該一輩子都沒機會登上高山吧？回想最初二〇〇三年，從台灣台北出發，第一站是就是韓國江原道的雪嶽山（海拔一千七百零八公尺），因爲山上終年積雪而得名「雪嶽山」。本來預備搭直升機登頂，但因停靠站的地面積雪未退，我們只能中途下機，揹著沉重的攝影器材繼續往上攻頂，目的地是建於公元七世紀，供奉佛陀眞身舍利的《鳳頂庵》——依循鳳凰飛抵山頭建寺而得名。猶記得當時受訪僧衆說，開山大師慈藏律師曾預言此庵：「一千萬人出發，只有一萬人能抵達。」是的，我們的確是那千萬分之一的堅持者。但，今日回憶當年也不過是外在形體抵達了難登的山頂，恐怕是誤解了慈藏律師所言的千萬分之一。否則我就不會在喜馬拉雅拍片採訪及朝聖轉山十年後，爲自己的「到不了」而焦急、崩潰。

拼湊，如何抵達香格里拉

會踏入靈性或信仰之門的人，多數是遇到了解不開的難題，渴望能找到一片樂土或天堂，得以在那裏安歇靠岸。閱讀、禪修、靜心、法會、禮拜……都能產生某種程度的安定，但是你的

▲位於恆河上游的瑜伽聖城 Rishikesh 是許多追求靈性者未到千般恨不消的聖地之一，但課程結束後，你完全滿足了嗎？達成瑜伽了嗎？

穩定能持續多久？有多少人感嘆當自己又回到了滾滾紅塵時，柴米油鹽醬醋茶的現實問題通通回來了。更不要說那些下了山就被老虎吃掉（比喻修行人無法抵擋財色誘惑）的修道人。

「進入內在」、「佛在靈山莫遠求，靈山只在汝心頭」全世界的上師、導師都這麼教導，但問題就在我們不知道什麼是「眞正的內在」？什麼是「菩提」？從聽聞或閱讀所理解，到證得、經驗到，這一段旅程仍然是朦朧得無從下手。

許多知名大師、修行社區、大道場，往往只是在創造這個朦朧：天堂的朦朧、西方極樂世界的朦朧、香格里拉的朦朧……因爲領導者自己也不知道那是什麼（雖然他們總是自稱已知道、已到達）。偏偏正因爲被這個「朦朧」、「不知道」所驅動，人們反而更有高度的熱情去追求，盡一切努力都只爲了到達——那裡。就像我當年有無限衝勁，沒有任何原因，就是止不住想攀登高山，尋訪上師、仁波切、瑜伽士。

最終，這些模糊迷亂的追求，只有透過「眞實」才能破解。套一句以前的廣告詞「幻滅，是

▲花開令人喜悅，花落令人感傷。能夠安靜地「看」著花開花落，那當下就在香格里拉

成長的開始」。在沒有眞實的體驗之前，叫我們放棄糢糊，放棄前往喜馬拉雅、布達拉宮、飛虎穴、雪嶽山……我們可能會想打人，高聲抗拒：「你憑什麼說朝聖沒用、那個沒用、這個那個都是外在的……至少我覺得它對我而言眞的很有用啊，我是因爲它，現在才能怎樣又怎樣的啊……」在人們這麼狂熱地追求一個朦朧得自己也不知道終點會通往哪裡的事物時，跟他談論「終點」實在太遙遠。

從早期聽經聞法、參訪、採訪各門派上師、瑜伽士、仁波切、法王，到後期參加新時代各種療癒團體，我也曾在老師的引導下，療癒創傷、通靈、經驗空無……等所謂高峰經驗。一度以爲那是修行的最終極，但高峰經驗畢竟時間短暫，且有有效期限，那時所能做的就是一再複製那個經驗，只要意志開始薄弱便需要再去上課。

拜網路、多元之賜，坊間隨時有五花八門的工作坊在向你招手，這一次從跳舞墜入空無，下一次從靜心看見光……有太多法門等著你去學習、經驗。所以人們始終沒有機會跳到下一步，只是不斷在第一步平行移動，用不同的方法移動，充其量這只是換湯不換藥；如同煮一鍋水，你等不及，一直掀鍋蓋，水永遠無法到達沸點。相較於信仰上帝者，反而比較能安守原點，即使什麼都沒有了，他唯一能依靠的就是上主的力量。又如密乘，跟隨上師修行也很單純，一旦認定上師弟子關係，上師怎麼教、弟子就怎麼學，不會心猿意馬到處尋找更高明的上師學各種法門。當然，你找一個老師老實蹲著，也未必就會有收穫，這還牽涉到身爲學習者的資質和福報，決定他找到眞導師還是假導師。

此外，高峰是一種超越性的體驗，著實讓人著迷，讓人感到不同凡俗，剛好可以把一個人自卑、匱乏的心，撐得高高大大的。那美好的經驗、美好的自我，是情感、情緒的，是色、受、想、行、識的回應，它既然還「困」在五蘊的感受裡，就無法幫助我們照見——五蘊原來只是空，只有這個「空」的照見產生，人們才能夠翻越一切苦厄（《心經》：照見五蘊皆空，度一切苦厄）。

所有的高峰經驗只是要讓人知道「祂」的存在，確立你已經跟神連結；接著，人要在這裡「堅信」起來，否則過了高峰經驗後，還是會再度軟弱下來。

眞正的宗教

升官發財、步步高升、五子登科……前半輩子所有的學習都是要「抓取」、「塡補」，突然要人們放下，實在困難。尤其富貴人家、飛黃騰達或聰明絕頂的人要他放下，更是難上加難，甚至一生中也不容易有機會經歷到必須「放下」的這一步。因爲他能力很強、並且累積了許多成功的人生經驗；或顯赫的家庭背景，使他們總是有辦法解決這個問題那個問題，「困難」很快就可以被擺平，使他更堅信自己的本事；直到遇到自己再也沒有能力解決的困境時，如重病、家道中落、親人離世等生離死別之類的大事，才驚覺富貴榮華轉眼成空，當下成了「不知該如何解決問題」的無頭蒼蠅。

很多人在這麼大的衝擊下、內心脆弱至極，所以皈依佛門、信仰上帝，這的確是一個心靈入口，但能否「入木三分」，還得看引導者和當事人的資質和福報了。有些人滿足於在大團體裡忙碌、做善事、互相取暖。有些人因爲佛沒有幫助他轉運，所以改信上帝，反之亦然。有些人

菩薩是梵語菩提薩埵的簡稱，意思為：具有覺醒能力的眾生。圖為拉達克岩壁菩薩雕像

一輩子都沉浸在追尋香格里拉，以登上聖山、開啟不同次元、空無的體驗爲最終的到達。

你拜的佛、神，你的信仰……必須能支持生命的每個層面，包括崩潰，甚至死亡。無論發生任何事，你都還能安住的那種「信」才會產生眞正的力量。當然，毅力堅強的人可以靠意志力翻轉、向前行，讓社會大衆看見他如何翻身成功，但那股硬撐的能量將會留在身體系統和潛意識，最後導致生病或者精神官能症，這點是外面的人不知道的。

一般人以爲某種情感或特殊經驗的展現就是某種程度的「到達」，事實上特殊體驗沒法對生命質地產生多大的改變，只是一次感官上的高峰經驗，過了就沒了，船過水無痕，你依然回到原本的狀態，生氣、抱怨、無奈、挫敗。更嚴重的是，累積越多次所謂成功的特殊經驗，就會越來越有自信，更加強了「自我認同」，殊不知這些從外在找到的東西，隨時都在變動，靠著這樣的經驗產生的信心是不穩定、不牢靠的。

不生不滅，不增不減

曾經我也熱衷追求「通靈」或「下載」上天訊息、外星人的訊息，也間接被告知或自己直接感知到片段前世曾經是國王、將軍，與某人的冤結，所以這世遭受什麼果報……。那又如何？這樣的解答能讓你安心多久？打坐放光、身體懸空、漂浮……又代表什麼？從此能夠擺脫苦困的纏縛而不擔憂、不恐懼、不煩惱嗎？

▼真正的「信」是親見內在那個不會在憂歡悲喜中增減、消失的本質，那就是所謂的「金剛」。圖為尼泊爾斯瓦揚布納 Swayambhunath 大塔前的巨型金剛杵

禪宗有個公案很有意思：

僧問：「什麼是和尚特有的風格？」

趙州禪師：「不對你說。」

僧問：「爲何不說？」

趙州：「那正是我的風格。」

其實，眞正的訊息是「不對你說」的，你還能下載什麼珍貴之物呢？

趙州禪師爲什麼不對我們說？

因爲「說有個什麼都不對」，本質只是沉默、寂靜……然而我們爲什麼總是靜不下來，如喪考妣般東奔西走？凡被我們「看見」、「抓到」就已經「不是」了，即使他是號稱有神秘經驗的某大師，那也只是他個人當時的執取。**如果是眞理，所有人的體驗都會是一致的，沒有模稜兩**

可，不會當時有、此時無。唯有這個眞理體驗可以帶你穿越苦難，而且你可以不斷經驗祂、驗證祂、知道祂從未離去——即上帝與我同在。

當內在眞正發生質變時，人格會改變。急性子會緩下來、不會汲汲營營、從前在意的、令人無法忍受的人事物變得雲淡風輕。這樣的轉變不是靠閱讀、參加講座、工作坊去獲得，而是從你的內在自然而然發生，我姑且稱之爲「內在革命」。

眞正的「信」是親見內在那個不會在悲喜中消失、增減的本質。形成那樣的「信」就不需要一直去上課、參加法會以求找到什麼。如果沒有親見（體驗），而只是聽聞或閱讀、甚至經歷短暫的發光、空無……則仍停留在抽象的信念層面，然後變成信仰，卻無力支持生命。

另一方面，人們也是因爲從沒經驗到本質（飲到甘露水、上帝的恩典），所以渴求朦朧的香格里拉。一旦眞正看見本質，便不需要、也不會想要再去複製或創造什麼，因爲內在已建立起錨定的力量，如同車輪的軸心，輪子不斷轉動，軸心始終如如不動。你仍然吃喝拉撒睡，事業成敗得失、家庭幸或不幸仍在上演著，你卻能夠看著這一切，儘管軸心也會被突如其來的波浪震的吱吱作響，但海水依舊是海水，心依舊是心。你明白，「那個」也會過去，從此能縱浪大化中無喜亦無懼。

一個得道的人，不是沒有頭腦、沒有煩惱，而是他開始可以站在上天的高度，俯瞰頭腦、七情六慾的能量在玩什麼把戲。當人們開始看到事情的眞相、重點，就再也不需要以傳統觀念、歷史經驗作爲思考判斷的基礎，而是直接進入事物的本質，給出一個無可更改的答案。

生命最後的戰場在自己內部

電影《花樣年華》以香港一九六〇年代爲拍攝背景，男女主角梁朝偉與張曼玉在影片中，將彼此心底無法跨越道德界線的愛戀演得扣人心弦。影片中有段話：「那個時代已過去，屬於那個時代的一切，都不存在了……一切都被禁錮在那裡了。」

最後，男主角將所有的悲傷和遺憾封存在吳哥窟的樹洞裡……。

「那些消逝了的歲月，彷佛隔着一塊積着灰塵的玻璃，看得到，抓不着。他一直懷念着過去的一切。如果他能衝破那塊積着灰塵的玻璃，他會走回早已消逝的歲月。」

你是否也有這樣的感慨？怎麼一眨眼，人不痴狂枉少年，意氣風發的年代已經不復存在，往昔回憶的確如積滿灰塵的玻璃，看得到、摸不著，既眞實又空虛，怎麼也走不回消逝的歲月。回頭想想，你第一次出現這樣的感慨，是幾歲呢？

從二〇〇三年起整整十年，我從馬不停蹄地上山下海旅行、工作，直到二〇一三年，終於累垮、身心俱疲遁入山林生活。因爲憂鬱，幾乎足不出戶，一次，爲了購買生活用品，硬著頭皮走到陽明山最熱鬧的文化大學周邊商店，看到幾十位穿著制服的學生排隊等公車，聽到大學生們肆無忌憚地聊天、開懷大笑……我突然看到了——青春。

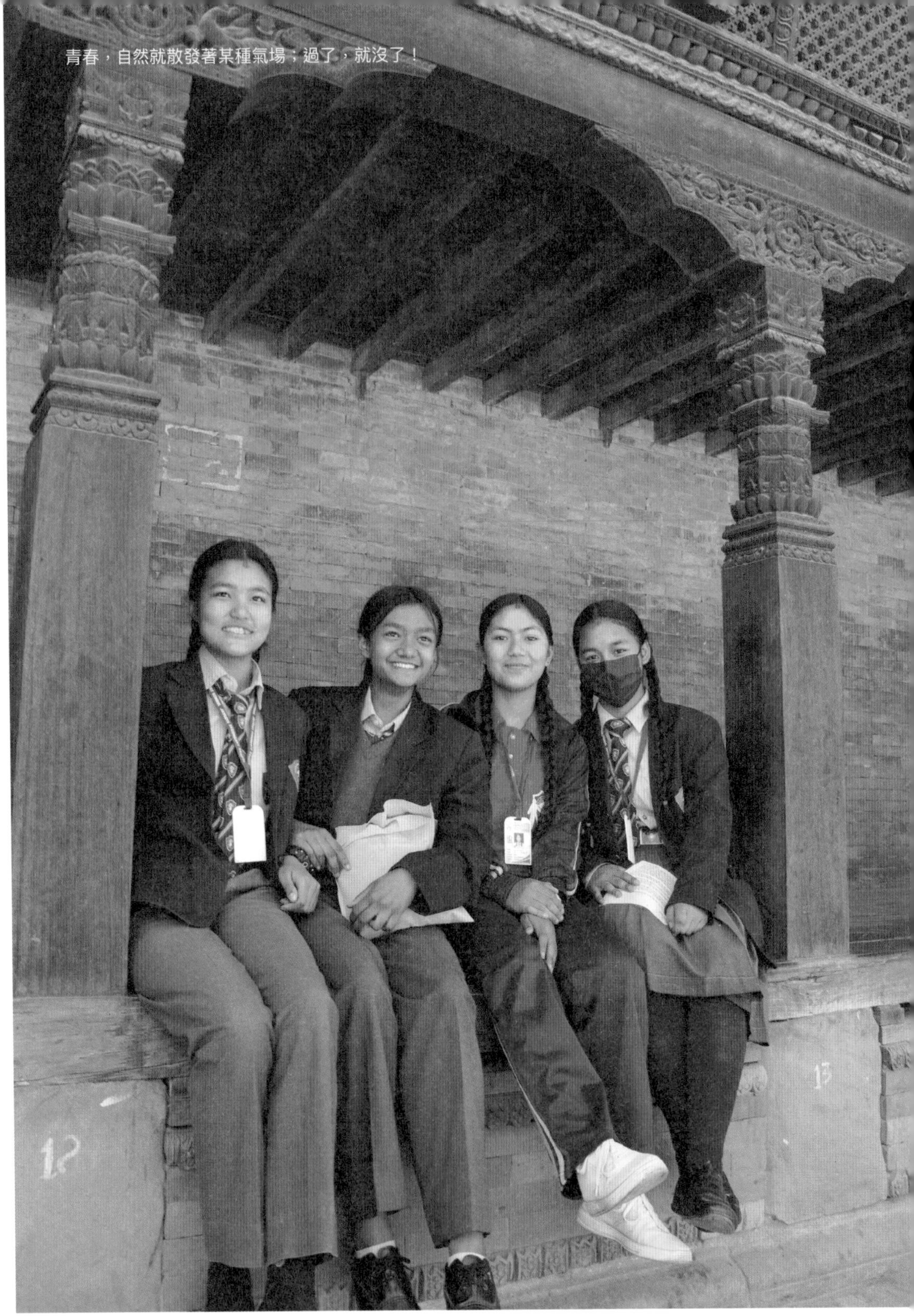
青春，自然就散發著某種氣場；過了，就沒了！

什麼時候你不再青春了？當你還在青春、花樣年華時，根本不在乎什麼青春不青春，直到你不在那個狀態時，你才會發出這樣的感嘆。其實，這正是「中年心境」下的口吻與洞見，在這個處境時，多數人只能描述、喟嘆，所以注定眞的只能「禁錮在那裡」了。

但是，你還記得電影《花樣年華》最後場景：隨著時間的推移，那個被男主角用泥土封存起來的樹洞，逐漸長出翠綠的草的畫面嗎？時間推移要多久呢？因人而異，我，歷經了七年。

▲青春讓人盡一切能力去發亮，最後回頭看這些讓我發亮的配件，忽然只成為一聲無奈的嘆息

繁華過後

當我們年輕時，內分泌的生機相當於春天，依它的助力，我們所看到的下一步景象、未來前途，也都是充滿生機的，此時眼中無「衰老」，衰老的意識不會進入我們的腦中，所以年輕人總是生氣勃勃，挫敗難不倒、挑戰打不倒。當夏天來臨，太陽直射北回歸線時，太陽力量已經

最盛大，等同於一個人的壯年。無可避免的，接著太陽將回歸南迴歸線，人們內在生機趨緩，向上奮進的燃料遞減地熄滅。

明顯受到中年焦慮所苦的人會覺得奇怪：「爲什麼其他人不會像我這麼焦慮？質疑自己的生活和生命意義？爲什麼他們仍興致勃勃地談論著家庭、小孩、工作，而對存在、生命價值毫無質疑？難道我才是那種杞人憂天發神經的人嗎？」

你或許也會質疑：那些始終沒拿到獎、沒有世俗高峰經驗，一路都還在攻頂的人，是否反而沒有這樣的問題？不妨換個角度說，他可能始終認爲自己不夠成功沒有成就，這樣的挫折感反而會因爲意識到太陽西斜、盛日已過而加重焦慮，它婉轉地藏進潛意識裡，變成沒有可見形象的「內傷」，然後在生命轉折期（中年）突然發出來，表現爲生理、心理症狀。至於曾經成功達陣的人，往往因爲今非昔比而充滿被淘汰感。越成功的人內在火力越強大，他年輕時用大火在衝，中年後完全改不掉這個習慣，因爲他自始至終都只有用大火的經驗，並且因此而成功。所以他內在形成更複雜的衝突，他會將時不我予的焦慮感表現爲用空言指導後進的「長者」，他自己則完全無法傾聽，無法丟棄自己曾經成功過的經驗，他以爲這個經驗永遠有效。

我認識一位七十多歲、已經退休的成功企業家，精力充沛，人家拿著畫簿到院子或者公園、山間就可以寫生畫畫，他是花大錢請旅行社爲他個人安排國外特殊景點去寫生，他常常一個念頭（或是因為感到焦慮了？）動了，幾天內就可以出國畫畫。以社會標準來看，老年人這麼有活力，幾乎是人人該效法的典範了，可是一般人不明白他的內在「火力」是什麼。他透過朋友知道我的經歷，覺得可以跟我合作，便約我去他豪華寬敞的辦公室談。那個辦公室將近一百坪，就只有

在舊德里巷弄遇見祖傳三代打金飾的老伯，背後相片是他的父親。現在他的事業已交給兒子，他安靜地坐在自家門口看著熙來攘往的人群

他一個人；我在那裡和他談了兩三次，幾乎都是他在講話。他偶爾會詢問我，當我開始回答時他就隨口打斷我，話題又回到他的豐功偉績上。

這樣的成功退休人士我遇過不少，他們的內在世界轉爲外在言行時，是透過什麼機制呢？我充滿好奇。心理學描述這個現象時，是將它當成一種「神經症」，那是一個病症，是一個人無法解決自己內在衝突時所形成的，他內在認爲自己很完美成功，別人眼中的他卻可能是苛薄、勢利、慳吝的形象，可是他完全意識不到。他的內在一直在自我作戰，他必須先採取一個掩蓋策略——不去承認自己有做過違背內在完美形象的行爲；再來就讓自己「孤獨化」，這樣自我認知的完美形象就不會在與人互動間被挑戰而暴露出來。

唉，是吧，生命最後的戰場就在自己內部！可是習慣了向外征戰的人，哪裡懂得到了中年以後，態勢已經變成「決戰境內」，並且戰火早已點燃。當自身形象逐漸衰老，內在壓力就更加增大。

秋日黃昏時光

這個社會習慣聚焦於「年輕」的價值觀，習慣向外爭，即使意識到高齡化社會已經來臨，大家也只想阻擋老化，或堅拒承認自己已經老了；如果連正視自己已到中年都這麼困難，那麼老年

這個意識的威脅豈不更大，要加以拒絕的策略豈不得更綿密？神經症啊，神經症，多少人已經進入白熱化的戰場而不自知？

就因爲多數人不願意面對「下山」的感覺，因此延緩老化的商機無限，看看如雨後春筍般的拉皮、豐胸、變臉等整形外科林立街頭；或者成功的老年企業家爲了證明自己老當益壯，與幾乎能當女兒的女子交往，初老、輕熟女、熟女等「不認老」字眼充斥在生活中，用盡各種「神經症」式的人爲、不自然方式，目的只爲「留住外在的青春」，「解決內在自我形象毀滅的衝突」。然而內在還能青春嗎？一個世界風景都看過的中年人，還有什麼能

從不探索自我的人，習慣留在自己的舒適圈，把城牆築高，看似不必面對衰老潰敗；但，被壓抑隱藏的能量會想盡辦法鑽出來，最後通常導致令人招架不了的下場

激起他的好奇心或熱情呢？轉換跑道、念一個學位、離婚、外遇……嗯，還需要更刺激的吧！

老舊的人事物是那麼令人索然無味。人們能做的只是一再轉移、掩蓋內在這個焦慮。

不管你願不願意承認、夠不夠敏感，所有人來到這個時間點，內心都明白自己的生命即將垂垂老矣。如果我們只能活在二十四個節氣的輪轉裡，無奈地看著青春如下墜的蘋果老化、掉落、逝去、死亡，那麼佛陀「四門遊觀」的故事只會是現代人遙不可及的神話。

如果你只想住在高牆裡、舒適美好的宮殿，壓根不想出城門，我只能祝福你宮殿穩固，萬壽無疆。如果你出了城門、也看見跟悉達多太

不舒服就轉移注意力，去熱鬧的地方取暖，然後用一句：「何必想那麼多？!」合理化自己的逃避

子一樣的景象，卻選擇去磨皮、整型，或者呼朋引伴喝下午茶、參加一次天南地北的聚會、一次旅行，的確可以暫時拋開一點恐懼和焦慮，但這只能算是治標。有些人固然可以不斷在治標中削弱內在焦慮的問題；但這個問題能量將會以更幽微的方式再現，譬如它會以身體疼痛、疾病、情緒的「神經症」方式展現出來。

當它變成疾病的形式時，你的治標取向會讓你去找醫生，而忽略它的根源本相。當它以情緒的形式展現時，你會以爲那是你無法改變的「人格」，你即使勉強自己，能改變的地方也很有限，你「認爲」自己就是這樣，以致讓假的人格變成你，你正過著假的人生，卻以爲一切無從改變。然而，「眞」的你、「眞」的人生是什麼？用一般的方法去尋找，是找不到的；當然，從不尋找的人，更找不到。

你也不必誤以爲非得跟著佛陀一樣，剃頭出家修行才找得到生命出路。出家的觀念來自印度文化，他們認爲人到中年要走向「林棲期」才能專心看待、解決中年焦慮，所以對他們而言，出家是爲探索覺醒的必須手段。

然而，佛陀在菩提樹下覺醒後也對世人說，一個人要修行、悟道、成佛都離不開世間，所以《六祖壇經》才會有一偈：「佛法在世間，不離世間覺，離世求菩提，猶如覓兔角。」因此日後佛陀的弟子才會有出家衆與在家衆兩類。

這麼說來，「出家」不是重點，「覺醒」才是。

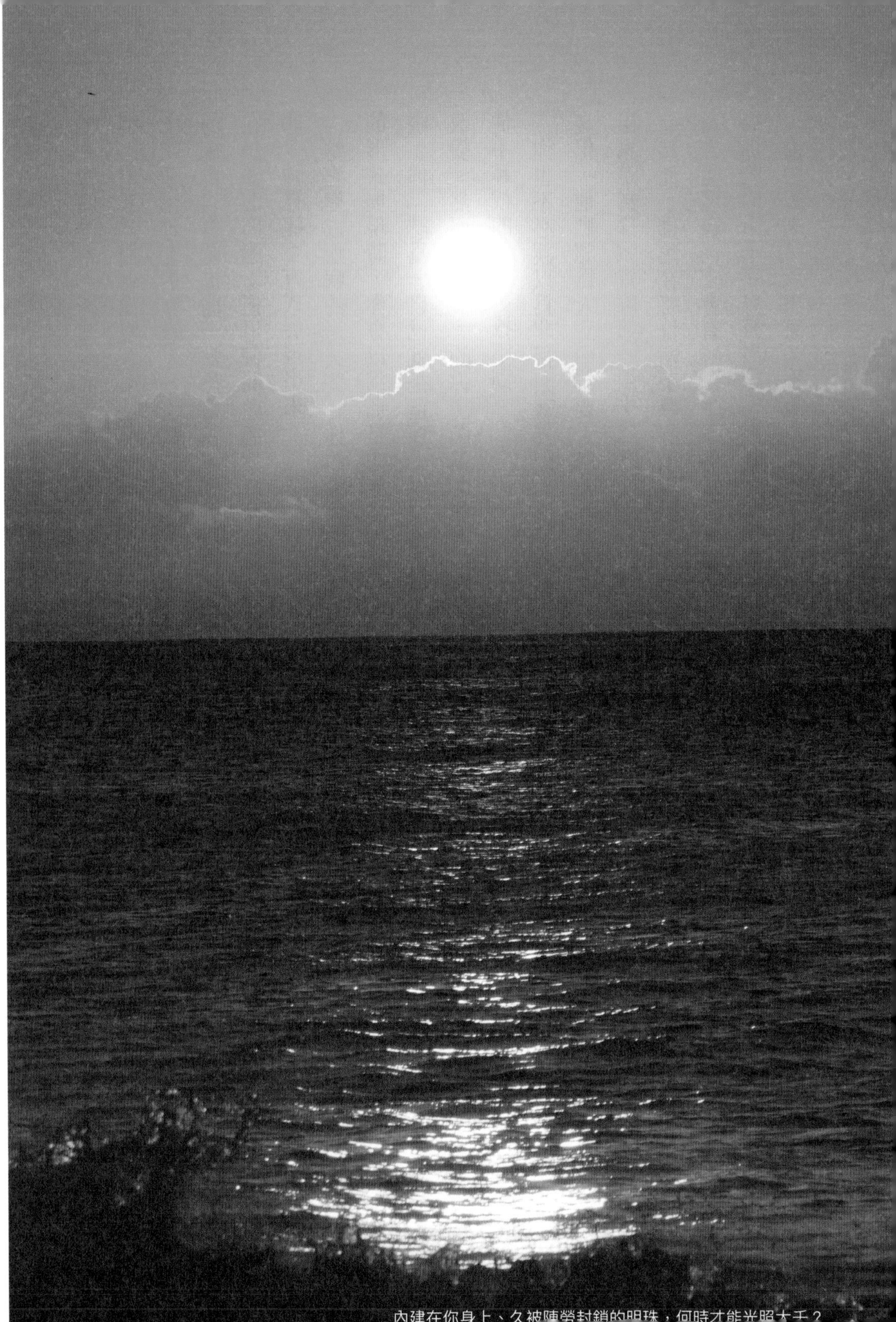

內建在你身上、久被塵勞封鎖的明珠，何時才能光照大千？

天外奇蹟，被神送到古波斯

四十歲以後的人生，身心大幅變化，無論男女都會感到極大的衝擊。身體逐漸退化，卻又很想證明自己「還年輕」；經常感覺厭倦、沮喪，想退休；在自我期許和挫敗間來回掙扎；不想過以前的生活方式，卻又害怕改變現狀……。就算努力把自己「振奮」起來，也很難回到年輕時義無反顧的熱情和動能，感覺像被關在牢籠裡的鳥，想衝破、卻無能爲力。

因爲新冠疫情三級警戒的機緣，促使我在高雄著手整理從二〇一〇起被上天關機七年的心路歷程，當機猶如被囚禁的籠鳥，其實，那是一道很難跨越的——中年天塹。至今都難以想像，那幾年坐在電腦前一個字都打不出來的絕境，竟然有機會起死回生，還能在FB寫連載？這是怎麼發生的？

敏感體質的究竟解藥

在我感到世界末日般的二〇一三年，突然想起一位曾經上過課的易經老師說，我當時所有的困境都是能量失衡的問題，只要調整能量，難題便能化解。我不敢相信這麼簡單的方法就能解決那麼大的困難，但那時已別無選擇，幾十年來我嘗試了那麼多方法，沒有一條究竟之道，這

◀中年人除了外貌體態已產生改變之外，與青年時期相比，最大的差異是，他內心對未來只感覺到一種無邊無際、無從依止的無力感。這讓他誤以為自己變消極了、外界不了解自己，他極力要找到出路，嘗試新事物，可是都無法成功。他不知道以上的嘗試和努力，都是站在「青年期」的能量模式和人生經驗在延伸。由過去那種經驗所延伸出來的想像是失準的，因為中年能量與青年能量並不相同，而且一個人在中年期所要致力的「目標」與青年期自動形成的「目標」具有極大的差異，在沒有釐清兩者的差異之前，中年人無力起飛……
松擇明《中年危機之旅》一書的封面插圖正呈現出中年轉型的奇特困境

一次也只能死馬當活馬醫。

剛開始泡腳時，打嗝不停，彷彿所有的五臟六腑都要吐出來；要不就無來由淚流不止，諸多身心反應讓我來不及招架。依每個人身心不同的狀況，產生各種「能量清理」反應，出疹子、頭暈、流鼻水、作惡夢……不必擔心，這都是「內在精微能量」潔淨的過程，不妨看作是清理淤積的水管，當其中有障礙物時，就會造成比較大的反應，這都可視爲過渡階段的好轉反應。一段時間後，我打嗝頻率降低了，眼淚、鼻涕不再流了；更開心的是，原本體質虛弱的我，無論是否有流行感冒，都有我一份，這個大問題也莫名解除了。而過去如磁鐵般容易吸附亡靈、負面能量的陰性體質，竟也被「亢達里尼」治癒了，以前在混亂人群、陰廟、醫院、墳場，身體就會噁心想吐、甚至發燒的種種敏感症狀，就靠著天天鹽水泡腳淨化能量，不再受苦。

雖然情緒逐漸穩定，身心也不再那麼敏感，槁木死灰的狀況算是解鎖一半；但是，對於未來依舊是茫然，更提不起火力向前衝。這幾乎是所有中年朋友的通病，不是嗎？

天外奇蹟，神恩降臨

老實說，依我當時了無生趣的生命狀態，就算送我一張機票去美國，也提不起勁來開心。但是所謂奇蹟，就是頭腦料想不到的，所以接下來發生以下我要說的故事就非常神奇了。

就在我槁木死灰的狀態下，二〇一六年某一天，話說老朋友Jeffery吳——他不是在印度，就是在印度的路上。他突然邀我一起製作印度沙龍講座之類的活動，我們相約在公館附近的咖啡廳討論。到了傍晚，咖啡館女主人來打招呼，原來她是鼎鼎大名的「老夫子姊姊」——星球旅行社總監林婉美；我們雖初相識，但宛如老朋友般相談甚歡。席間，一位先生突然緊急告知May姐說，有一位女性團員臨時退出下周的伊朗團，怎麼辦？May姐不疾不徐地說：「退出就退出，也不能怎麼辦。」接著，我們繼續印度沙龍的話題……。突然，不知怎的May姐話鋒一轉，正經八百問我：「你要去嗎？你有時間嗎？如果可以參加，下周一趕緊送護照來，我們周四就要出發。」那時我毫無動力、無所事事，當然有時間；只是，去那個印象中常打仗的伊朗，安全嗎？還有，我哪裡有能力負擔那一大筆的旅費？但因爲也沒時間多想，當場就點頭答應了。趁著辦簽證的兩三天時間打包行李，頭巾是這一次最重要的行頭，上了飛機才知道團員們可都是準備了好幾年的時間，參加講座、蒐集資料、準備旅費，只有我，天外飛來一筆，直接被踢入伊朗首都德黑蘭何梅尼紀念館。

何梅尼何許人也？沒有多餘時間蒐集資料，大致了

天降奇蹟，我的貴人 May 姐把我送進伊朗，點燃我內在重生的火苗。攝影 吳德朗

伊朗・波斯波利斯 Persepolis 國王古墓，其岩壁雕刻極為優美細緻・攝影 吳德朗

解如下：何梅尼（一九〇二~一九八九）是伊朗什葉派宗教學者。因一九七九年領導伊斯蘭宗教革命，推翻了巴勒維政府，因此什葉派學者視他爲「伊斯蘭復興的戰士」。革命成功後、經全民公投當選爲伊朗國家最高領袖。

幾經轉機，我們抵達何梅尼紀念館已是深夜三點，突然被叫醒說趕緊包好頭巾進場參觀。我在半夢半醒中下了車，看到廣場周圍全是帳篷和炊煮鍋具，好多人直接睡在門口地毯上。原來他們都是何梅尼的信徒，從各地前來首都朝聖的民眾。進入紀念館內的景象就更震驚了，諾大的禮堂擠滿了民眾，誦經、禮拜、靜坐，或者對著何梅尼的陵寢磕頭親吻。進入洗手間，又遇到卸下黑頭巾的婦女們在盥洗漱口，夜已經夠黑了，他們各個又一身的黑衣、黑頭巾，只露出明亮的雙眸，對我這個功課做最少、完全搞不清楚狀況的旅人來說，簡直被這突如其來的種種景象衝擊得目瞪口呆。

我醒了，不只是轉機昏睡的醒，而是內在有個什麼說不清的撞擊和感受……總之，我完全醒了！

在毫無準備與任何預期下，我一腳踏進了千年古國、衆神的王國——波斯。金庸筆下的光明頂、祆教的起源地；比伊朗名號更響亮的半個世界——伊斯法罕（Esfahan）；充滿浪漫傳奇的《一千零一夜》都城瑟拉子；公元兩千五百多年前，歷經大流士祖孫三代打造、象徵阿契美尼德帝國輝煌文明的偉大邦城——波斯波利斯，走過輝煌的一百三十年，最後被亞歷山大大帝瘋狂無情的掠奪摧毀，傳說他動用了一萬頭騾子和五千匹駱駝，才將所有財寶運走。最後的最後，跟許多歷史宏偉的大城和建築一樣的命運——大火徹底摧毀偉大的波斯波利

▲波斯王朝的遺跡・攝影 王慶中

笑開懷的波斯女孩兒．攝影 王慶中

世界最古老的城市之一「雅茲德 Historic City of Yazd」(UNESCO，2017) 在沙漠中散發獨特的人文藝術風情．攝影 吳德朗

古波斯半獅半鷲（Griffin）石雕．攝影 王慶中

【卅三拱橋 Sio-se-pol】阿巴斯王朝所建因 33 個橋孔而得名。夜間的古橋格外迷人．攝影 王慶中

斯。儘管已經灰飛煙滅，但波斯波利斯卻是旅人永遠走不到盡頭的歷史現場。

瞬間，我可以動筆了，而且還是流暢的。

在這裡，使我不由想起紀伯倫的詩：

「靈魂不沿一條線走，也不像一莖蘆葦子然生長。
靈魂綻放它自己，像一朵有無數花瓣的蓮花。」——紀伯倫

在無數繽紛花朵簇擁下，我一腳踩進這座波斯花園，這是從西元前六世紀以來就存在的——先知的花園。迎賓的第一道是華麗的拱門建築，以及向四方延展的噴泉水池，水池邊種滿各色鮮花，高大的法國梧桐、椰棗樹、柏樹、松樹……環繞其間。

是不是只有在地球這個經緯度，才長得出波斯人遙想的伊甸園？

整個世界首先出現花園概念的就是這裡，羅馬學習它、歐洲學習它，到最後中國也忍不住學習它。我突然想起以前讀過一些伊斯蘭聖哲所寫的經典，書名總是掛著《×××花園》，如今終於恍然大悟，天空、大地、植物、流水與結實累累的果樹……正是眼前的景象，讓聖哲們聖靈充滿，自然能流瀉出如天堂花園般的美妙智慧，也使得這裡的人散發著一股優雅的氣質。只有波斯的花園這麼清、這麼亮，連印象派都不得不向它取經。十八、九世紀的歐洲人，當時應該看得到這裡陽光綠樹如何清亮，可惜中國人沒看見，否則它的藝術怎麼會忽略這一點？

如今，千年後的波斯子民，在祖先的庇蔭下，仍倚靠著古老、姿態優雅的大樹，在芬芳的波斯花園裡野餐、烤肉、露營……這是他們的日常。而且他們非常樂於分享，無論是否認識，路

過他們身邊，人人幾乎都會主動遞上他們手中的食物分享，讓人感受四海皆兄弟的愛。

古國的伊朗人，儘管被制裁禁運長達三十多年；但老祖宗的智慧基因，依然傳遞給後代子孫，無論外在環境如何艱困，始終過著歡樂有度、不急不徐、隨時綻放靈魂光彩的生活！

這是二〇一六年九月在古波斯文明的滋養下，我竟能在當機多年後，重拾筆墨，書寫當下的感動。

神來一筆，重生！

影響心情跌宕的是感性的驅動力，能夠預期的則是理性頭腦的產物。人的一生幾乎就靠這兩股力量活著，而且兩邊經常打架，就像要你選愛情還是麵包一

▲伊朗沙漠古都雅茲德的新娘全身都散發著波斯花園的繽紛感．攝影　吳德朗

▲阿拉「神來一筆」，罹患中年危機的佛弟子終於清醒了！ 攝影 吳德朗

樣，令你陷入長考。我們都不知道，其實生命還有第三股力量——印度稱它爲悅性力量，中國稱之爲中道。我之所以能夠在當機七年後，在波斯古國突然甦醒，再度能夠創作書寫，靠的就是這股悅性能量（亢達里尼）上升。

這股力量內建在每個人的脊椎尾端沉睡著，它的特質是純粹、向上揚升，而且只走**中道**（不偏不倚的中脈），既不偏理性、也不偏感性。一般人得要先有機緣被喚醒這股悅性力量，然後持續清理三脈七輪，如此，當它甦醒，就會沿著中脈（內在恆河）向上揚升，最後抵達宇宙大海，跟至上意識（代名詞：上帝、神性、佛性、阿拉……）連結，達成——瑜伽Yoga（這是指身心靈合一的狀態，不是指一般的肢體瑜伽運動）。

三十五歲以前，人們運用生來就有的生長激素，一路衝刺到一定的成果，不論你是否滿意；接著生長激素就無法繼續支持你了，其實二十一歲之後它就不再生長，可是要讓你明顯感到體力大不如前、力不從心，通常要到三十五歲以後。

我爲什麼在毫無現實和心理準備下，突然被送到伊朗旅行，而非已經讓我感到審美疲乏的歐美？或再熟悉不過的亞洲各國？如果這趟旅程是我能預期的喜馬拉雅轉山，就算它再神聖，恐怕我枯萎的注意力也難以被提振。

人們說神來一筆，那是只有「神」才會來的一筆，不是來自人的意識所能安排。

悅性的中脈是在你沉浸於**無爲**中它才出奇不意出現，三十五歲以後，你需要這股力量，否則你不知道該怎麼振作自己……。

人人內建三股力量：理性、感性、悅性，唯「悅性」需被喚醒，有了「悅性」力量，人生下半場才能走得穩當

毀滅是重生的開始

毀滅需徹底，才能促成重生

大學時期，蔡志忠的禪宗漫畫書剛出版，翻開書的第一章，內容是一位武士去拜訪禪師的故事，只見禪師拿著水壺把水倒入已經裝滿水的杯子，武士著急地告訴禪師，水杯已經滿了，禪師這才回他：「你的心就像這個裝滿水的茶杯，我怎麼倒它都會溢出來……」

這麼簡單的道理，誰不懂呢？

但是，如何清空杯子呢？

三十年後，我才體驗到，一個人如果沒有經歷「自我」毀滅，只不過是帶著裝滿水的杯子滿街跑而已——包括求道。

十多年前，剛榮獲金鐘獎、當紅炸子雞時期，無論海內外，經常遇到很多熱情道友，引薦我去會見他們的法王、上師、仁波切，很可惜當時志得意滿，杯子裝滿了水，錯過進入眞理的機緣。我認識一位身家顯赫的企業家，幾十年來都是大山頭的大功德主，中年時突然家道中落，才看清該道場勢利眼的眞面目，心灰意冷之餘，轉向其他宗派。他覺得自己現在雖然沒有過去

位於德里庫特卜建築群內的蘇丹國國王伊爾圖米甚（Iltutmish）墓，他的死亡是以如此華麗的伊斯蘭紋飾襯托起來。如此這般的死亡算是寂滅嗎？你覺得夠莊嚴嗎？

富有，但每次大法王來台灣，都由他接送，自己眞有福報。不知道毀滅性的家道中落，是否足以使他清空杯子？如果沒有機會接送大法王，他是否依然覺得自己很有福報呢？兩位駐錫印度達蘭沙拉的大法王——達賴喇嘛與大寶法王，幾十年來，除了疫情期間，每天都有成千上萬的信衆排隊求見，有多少人眞是清空了自我這個杯子、不戴任何有色眼鏡覲見法王呢？就算是一個很謙卑的人，也難免不冠上佛教徒或基督徒的角色，用自己獨特的眼光去會見導師，評價他的教導。所有人一輩子用功讀書、辛勤工作、汲汲營營，不就爲了出人頭地，這麼努力建構的「自我」，豈容被挑戰、被打敗？

說眞的，我是被命運逼到不得不低頭，經歷徹底的毀滅，失去愛情、事業垮台、經濟困頓，從錦衣玉食到一無所有，從充滿鬥志到索然無味；最後，連大半輩子所依止的信仰價值都一起毀滅，這才被逼得清空杯子，塞滿自我的腦袋和心思，終於空出了一點縫隙，開始能夠眞正聆聽、接納、實踐一種前所未有的修行方式——清理、平衡精微能量系統。神奇的是，就在精微能量越來越清淨的同時，亢達里尼甦醒，內心的擔憂恐懼越來越少，此時不是產生充滿希望的那種活力，而是一種自然而然的安靜，如平靜無波的湖面，能映照出藍天白雲般，不但看自己很透徹，看別人也清晰，一種前所未有的穩定清晰感；我感到生命有光，不只外表有光彩，內在也產生了慧光，原本只能靠頭腦理解的經文，怎麼自然能夠在生活上實踐出來？比如：放下執著，一直以來只能靠自己提醒、用力實踐，但經常是自以爲放下了、很快又再提起，或者理智上知道要放下，情感上根本放不下；現在竟然能輕輕提起、輕輕放下，即使事情沒有按照我希望的發展，也不會感到焦慮或失望。又比如：平等心，以前總是要提醒自己，無論貧富貴賤都應該平等視之，但內心還是難免比較、不平；現在怎麼看誰都越來越順眼，內心的評斷越來越少，最特別的是，這一切發生竟然如此自然而然，毫不需要努力造作。

一個人究竟要到什麼程度，他一輩子所建構如銅牆鐵壁般的自我認知才會倒塌、被摧毀？尤其當他又曾經那麼成功、那麼無懈可擊，命運找得到足以摧毀他的那道裂縫嗎？

這使我想起印度人最崇敬的濕婆神，祂是宇宙的創造神、毀滅神、舞神、也是瑜伽之王。祂同時也是惡魔和游魂之主。相傳，濕婆神的舞步，就是祂降魔的舞。祂的膚色很淺、長得非常的美麗，每當祂翩翩起舞，祂便睜大祂的三隻眼睛，洞察著過去、當下和未來；祂同時擁有五首四臂，用以觀照世界的每個部份；而每當祂憤怒，那第三隻眼便會射出令宇宙萬有都害怕的火焰。

濕婆神的生命就是舞蹈，祂跳舞不只是舞

▼在剎那的燦爛中，我們目眩神迷，不會看到毀滅的力量藏在其中

動身體，《佛國》節目中受訪的年輕舞者告訴我，身體的所有器官，從眉毛到每個細胞都在跳舞，眼、耳、鼻、舌、身、意，都是濕婆神的化現。快樂時跳舞、悲傷時也著跳舞，右手執著鼓，象徵生命；左手掌托著火焰，象徵毀滅。因此，濕婆神手中掌握了創造與毀滅兩股力量，祂狂怒時，整個宇宙顫抖，祂溫和時，慷慨給人恩典。

毀滅和創造爲什麼會同時存在？關鍵密碼是什麼？如果我沒機緣被徹底摧毀，只懂得用所謂佛教徒的眼光來看濕婆神，如同戴著有色眼鏡、拎著半桶水靠近眞理，就算大禪師、再世佛陀出現眼前，恐怕也認不出祂們吧。

回想起二〇〇三年拍片之初，我幾乎走遍南韓大小寺院，每一間道場必定都有莊嚴的大雄寶殿，裡面供奉的主尊多半是釋迦牟尼佛、觀世音菩薩、阿彌陀佛。只有韓國最大佛寺——通度寺，因供奉佛陀眞身舍利，因此大雄寶殿裡頭沒有任何佛像、空無一物。當時年紀輕，根本看不懂爲何大雄寶殿空無一物？我們多麼習慣緊抓外在一切有形有相，卽使供奉任何一尊佛像，都遠比空無一物好懂多了。我們如此慣用自己原本有限的眼界，要如何認識佛的無遠弗界？卽使知道要淸空自己，弔詭的是——自己，要如何淸空自己呢？

神的安排超乎理性頭腦，南漂成了高雄市民

是的，自己幾乎不可能淸空自己，所以要靠命運的神來一筆。二〇一九年三月，原本租我房子的長輩突然急著要把房子收回，我努力爭取延長三個月，希望盡快找到下一個住處。儘管當

哪一天，當你認識了濕婆神，你就會真正體驗到徹底的毀滅與絕美的重生

時在台北與高雄同時帶領脈輪工作坊，而且高雄的學員多於北部，但從未動過要離開家鄉——台北的念頭，直到這個難題出現，台北最現實的高房價，讓我別無選擇，只能準備南下高雄定居。又因爲經濟拮据，只能選擇郊區。一日搭捷運往岡山，途中停靠站的對面突然看見一座新建社區大樓，而且方圓百里就只有捷運站對面這座大樓，其他全是空地。身爲外地人，對高雄一無所知，唯一看懂就是捷運站正對面的房子肯定不錯，進去一問才知道，這個新建案已接近完銷，剩下最後三戶。挑剔如我，要視野、要安靜、永久棟距、氣場……沒想到竟然還有一戶高樓層，據悉是建商保留戶，且因爲已經結案，號稱全齡公設也全數上鎖準備點交，這些公設我看都沒看一眼，就在半小時內簽約下訂，

2019 年我倉皇搬離家鄉台北，被濕婆神送到一個想都沒想過的地方，在新居那些日子，遠眺西方海邊總是一片壯闊、變化莫測的雲氣……

並即刻打道北上，剩下六十天，我必須打包所有家當，最後通牒是七月底。

二〇一三年才萬念俱灰從市區逃到陽明山，儘管覺得悲慘，但畢竟人還在台北。這次情勢所逼，我毫無選擇，只能南遷高雄。時間有限，一邊工作、一邊打包，儘管只是搬個家而已，這次卻是極度不捨與悲傷，每封一箱，眼淚就撲簌簌地流下來。在極度高壓與情緒起伏下，有一天晚上突然全身起疹子，而且奇癢無比難以忍受，拖著痛苦又疲憊的身子，開車下山直奔榮總急診室，又是一夜的折騰，一邊還要掛心滿屋子未整理完的東西，眼看著存證信函劃下的搬家期限就要到了，那種身心煎熬的痛苦真是難以形容。

根據搬家公司專業地建議，台北到高雄路途遙遠，最好分兩天運送，比較經

濟安全。第一梯家當六月二十八日已經載往高雄，我獨自守著山中小屋，做最後的整理。半夜三點，萬籟俱寂，我也終於告一段落了，屋裡能用的只剩下一床棉被和筆電，內心感慨萬千，敲下了以下的字句：

〈終須一別〉

六年前，我一無所有、孤苦伶仃一個人上了山；那時，我失去了原有的創造力、坐在電腦前一個字也寫不出來、連話也說不成句；無法創作、無法工作，負債累累，再加上動不動就要掛急診的身體，最苦時連醫藥費都繳不出來。

月黑風高的夜，我經常仰望星空，問蒼天這樣的苦何時才能結束？

儘管我曾被觀音授記：當菩薩的弟子就是要被擰得乾乾淨淨，但那種無望——不，是絕望感簡直令人窒息。

在時間緊迫的情形下，搬遷物品塞滿小屋，硬是理出可以工作的客廳，多數的物品則埋在儲藏室，歷經三年才「重見天日」，這與 2013 年搬遷的命運竟然如此相似，差別在於後來證明：這裡是神賜的福氣小屋

漸漸的，我失去了過去追逐時尚的心思，也失去了對名利、愛情的嚮往，我以為我的人生就要走到了盡頭。

歷經一番寒徹骨，終得梅花撲鼻香。

六年苦行終於結束了，我竟然在人生最絕望時遇見了靈魂伴侶松擇明——一個覺醒的上師，每天我都問老師好多生命的問題，他的回答有時碰觸到心的最深處，讓人淚流滿面，有時簡單到讓人當下破涕為笑。

我無法滿足於以一個媒體人的角度製作節目弘法利生，我要當場看到一個人被「正法」振動落淚、甚至改變命運，能真正「活」著，享受生活。於是，「本來學堂」成立了，就為了引導跟我一樣，渴望找到回家的人們。這幾年，我一邊苦哈哈擔心銀行三點半，一邊在焦急擔憂中潔淨能量、練習靜觀，一邊低調接引有緣來訪朋友。

每天欣賞觀音山的夕陽，成了山居生活最精彩的一刻。有一次鄰居問：「夕陽天天都一樣，有什麼好拍的？」可是我看見的太陽從冬至到夏至落點都不同，天空有時紅、有時橘、有時金光閃閃，雲彩晚霞更是變化萬千，天天都不同、每一刻都不同。

也因為逐漸遠離快節奏的媒體工作，生活步調越來越慢，越來越不在意外表，只在乎真正的品質，直到朋友提醒我變成虎背熊腰的身材，這才驚覺自己已經從小姐變大媽了。

為學日益，為道日損，損之又損，以至於無為。原來過去只知道拼命往外添加光環，多一個頭銜、多拜幾位大師仁波切、多領一些獎、多賺一些錢……。感恩靈魂伴侶兼根本上師——松

擇明引領我覺醒，感恩陽明山療癒了我，感恩讓我在這一生有機會經驗「損之又損」，以至於「無為」而「入道」。

是時機到了嗎？突然之間，命運安排我就這麼被一紙搬遷存證信函踢下山！來不及跟這裡的樹木道別，來不及跟常來花園遊戲的鳥兒道別，來不及跟夕陽、山風道別，還有，來不及跟所

▲我不知道自己該用多久的時間才算真正無憾地與陽明山告別，也許再長的時間都不夠

有台北的朋友道別，我就要離開故鄉了，雖然台灣很小、南北只有四百公里，但年近半百才要離鄉背景的心情，只有走過的人懂。

再會啦，我的故鄉；

再會啦，我的至親好友；

親愛的媽媽，

您要好好保重，

物質的生命，可以搭高鐵來回，

精神的生命，從來不增不減，

期待，我們在空性中相會！

搬家第二回合，七月三十一日一大早，搬家公司準時抵達家門口，一群人很快速地在中午十二點左右就搬完所有的東西，連同院子的植物一起送上車，社區大門緩緩打開，我獨自開車南下，姿態美麗彎曲的白楊木只能放置後座，長長枝葉延伸到方向盤，我得小心翼翼避免撞斷它。至今仍然記得那一天陽明山的天空好藍，車行仰德大道，我刻意放慢車速，像是做最後的巡禮，多希望它沒有盡頭。最後再到媽媽的店，吃一頓心情上台北最後的午餐，抱著媽媽痛哭流涕，我即將離您遠去它鄉，離開生活了半輩子的故鄉，是一種連根拔起、撕裂般的心痛。從我開車上路起，眼淚始終止不住，是上天也懂我的不捨嗎？這一路南下，雨越下越大，與我悲傷的心情相呼應。中途在休息站小歇一會，再準備上路時，看著北上與南下的指標，心頭一時恍惚直想往北上走。

剛入住位於高雄橋頭重劃區的捷運宅時，方圓百里都很荒涼，只有三節車廂的捷運會經過，讓我勉強接受它的好，但心中還是想：在這裡最多住三年，我一定要離開……。

二〇一九年十一月，帶了一群朋友前往不丹旅行，拖著行李，搭捷運、轉高鐵、再轉機捷，第一次體驗到高雄人出國眞辛苦。

回國不久，新冠疫情肆虐全球，看著大台北地區緊張的氣氛、人心惶惶，救護車嗚叫聲此起彼落，連基本買菜，都要冒著生命危險；這時突然很慶

▲剛搬到高雄橋頭時，方圓百里內所見就是頗有「塞外」氣勢的野草

▲這棟拆除中的大樓就是發生公安災難的「城中城」，沒想到最後命運安排我們落腳在它隔鄰的建案

幸自己是住在荒郊野外、人煙稀少的地區，生活一切如常，偶爾還能品嘗學生自家種的青菜水果，這是哭哭啼啼下高雄後，第一次感到大確幸。

在這段期間，心中一直希望工作與住家能整合起來不再分隔兩處。但，從發出願望到圓滿實現，從來都不是一件容易的事。花了一整年時間，看遍高雄各區房屋，環境與房價總是難兩全，好不容易終於看中一建案談好就要簽約，隔天建商硬是抬高總價一百萬，而且待客態度一百八十度轉變，跩得二五八萬；原來台積電即將到高雄設廠，房市翻盤了。連我那荒郊野外的捷運宅也突然成了當紅炸子雞，房價一夕飆漲，從一字頭漲到快三字頭。三天兩頭找房子其實很累人，又被現實的建商擺了一道，精疲力竭之餘幾乎準備放棄。最後一線希望，再從網站過濾一次：「要去看名單中這最後一間嗎？」我連它所在的地點都搞不清楚，只能跟著Google走。原來建案工地就位於剛發生大火、引發社會高度關注的「城中城」大樓旁，它的周圍全是老舊房屋，更加凸顯這區域的老與不堪，後來聽高雄人說這區太亂了，他們從來不會來這附近：「我們只想趕快遠離它！」他們這麼說。

但是，這裡抬頭就能看見柴山，沿著愛河散步就能走到海港，以我這種外地人眼光來看，高雄最美、最有人文底韻的就是古老的鹽埕區。當年在仰德大道想起的空（空性）大師——松擇明老師，其實也是易經大師，我們認眞地爲建案卜了一卦，內容大致是：「上天震動，內心不禁感到憂懼。驚疑所失去的財貨。登上高山，〔憂懼而知止〕——此爻是登上高高的艮山之象。驚恐七日後，可失而復得。」基本象徵如此，不算太差，因此我們決定去談這棟房子。

毀滅，是重生的開始

火燒的城中城大樓即將拆除改建公園，挖掘機鑽頭鑽著牆壁高分貝的噪音，我拉高嗓門直接在現場和工地主任談判價格，幾次磋商，終於成交！可是，當時口袋根本沒有足夠的預算，只能祈禱橋頭那棟一夕爆紅的捷運宅盡快成交。沒想到一買一賣之間就這麼順利地無縫接軌。只是，買賣移轉、辦理房貸都需要時間，而幾百萬的頭期款是馬上就要付了。於是，學堂的同學們二話不說，紛紛預付學費或想方設法幫忙，最後仍有資金大缺口，正在焦頭爛額之際，突然一位學生來訊：「老師，我可以幫忙……」這孩子連細節都沒問，直接說能幫忙，我感動到眼淚直接掉下來，他給的支持力量勝過一切，卦上說要驚恐七日，就在他這通電話後完全化解，驚恐提早兩天結束，頭期款的危機解除。另一頭賣屋也順利成交，只是這頭新屋建築公司尚未完成收尾，因此要求捷運宅那邊的買方延後三個月交屋，善良的年輕夫妻竟也同意了，內心眞感恩他們願意配合。

新建案正進行最後的收尾工作，而斜對面的「城中城」大樓越拆越低，歷經數月，終於夷爲平地。土地整頓後，公園造景專家進駐。跟著打造公園一磚一瓦的進度，我們也開始進行內部裝潢，但打得如火如荼的俄烏戰爭導致全球通貨膨脹，而且嚴重缺工缺料、萬物齊漲，工程預算和時間壓力又更大了。捱了將近半年，關關難過關關過，就在即將完工前，新公園周遭老舊大樓全部都被包覆起來，原來是市政府準備幫老舊大樓整修拉皮；又過了幾個月，拉皮後的大樓亮麗如新，我們的室內裝潢也終於順利完工。眼前所見，好像到了一個新的重劃區，跟年初看工地的景象相比，簡直是天堂和地獄。

「城中城」那一把大火，無情地摧毀了許多人的生命，連帶建築物都一併灰飛煙滅。這景象與我拍攝採訪的那些聖地廢墟有何不同？同樣的曾經盛極一時，最後因爲各種原因被摧毀，只遺留殘磚破瓦，令人不勝唏噓。而此情此景，跟我的命運從高峰跌落谷底、從此一蹶不振，有何差別？濕婆神第三眼所發出的怒火，毫不留情摧毀一切，令人震攝、讓人恐懼無比。然而，如果沒有那一把火毀滅一切，老舊不堪的社區如何重生？我的老舊命運（或者說是業力更貼切），要如何翻轉？

▲城中城拆除中，毀滅與重生，僅一馬路之隔

▲本來學堂大有靈舍裝潢中

老天一聲令下，殘酷地將我從陽明山踹到高雄，不但讓我平安度過疫情三年，更不可思議的是——讓我見證濕婆神毀滅與重生的兩股力量如何在人間運作，我和城中城同步經歷了浴—火—重—生。

只活在表象的人生，太可惜

有限的自我，如何容得下浩瀚的宇宙？什麼都不要，全丟，你必須登上自己內在的高山，你的無爲，必須是徹底的無爲；你的放下，必須徹底的放下。當你能夠徹底放下，你的注意力才能從表象的黏著當中脫身，進入無限的宇宙。

以濕婆神爲例，不要只看到濕婆神是印度教信仰的這個形象，而是直接進入祂既是毀滅又是創造的力量中去經驗、見證毀滅與創造如何同時存在，才算進入眞正的不依靠。不再需要依靠頭銜、財富、名利、權勢定義自己；當人不依靠的時候，內在的神性力量、內在本質，就會開始工作，而你只需要去見證——祂如何工作，並且開始對這樣的運作模式升起信心和信任。

所以，**人生下半場眞正要學會的是「如何放下」的能力**。

如果你放不下，最後生命中的毀滅力量——濕婆神可能會幫你一把，祂會在你長期身心能量失衡所形成的系統中找出破綻，輕輕一撥，讓你這個堅實「放不下」的系統忽然土崩瓦解。

這個長期身心能量失衡，說白了也就是前半生所有思想和行爲累積成「業力」所造成的「果報」。但是，光是因果業報這套說法還不足以幫我們看懂業力成因與化解業力之道，要消解業

▲城中城蛻變為「府北公園」正式啟用

▲本來學堂大有靈舍完成裝潢與「府北公園」同時啟用

力，必須先找到夠讓它崩解的裂縫，這個崩潰的出現不只是爲了懲罰你，而是要逼你跳躍——跳出業力的枷鎖。

當濕婆神的力量清空你原本建構起來的一切，你才眞的有能力重新吸收，這時就像一個新生兒那樣，你會看到未來具有某個「全新」亮點，你樂於前往探索。

▲四大貨車將我「連根拔起」從北往南送去

▲南漂後的靈性能量家人，一同見證這場莊嚴的毀滅與重生之旅

覺悟的迦耶——菩提迦耶

那時，河邊傳來雲遊者的歌聲：琴弦太鬆、音不成調，琴弦太緊、聲不悅耳，不鬆不緊旋律優美……。

歌聲宛如當頭棒喝，豁然打中正在進行嚴酷苦行的悉達多，他忽然理解到自己的肉身就如同琴弦，必須遠離極端的苦與樂，才能進入心靈平靜安穩的正道，於是他決定要放棄苦行。

依著數年修行的經驗，他找到了一棵適合靜坐沉思的菩提樹，上以穹蒼為頂、下以大地為座，以最質樸踏實的修行態度，冥想、經行、苦思，日復一日、夜復一夜……就在一個滿天星斗的深夜，悉達多的思慮達到了前所未有的清明沉靜，他剝開煩惱表面層層繚繞的情緒迷霧，直接面對苦惱，細細靜觀、追尋它的源頭。

悉達多終於突破無明的障礙，看清「自我」的虛幻，從前的慾望貪求、忌妒憤怒、憂悲苦惱，都在這一瞬間完全消失了。悉達多清清楚楚明白了生命的真相，他成為一位至聖的覺行智者——佛陀。

二〇〇五年在錄音室說著佛陀成道的故事，當時以為那只是遙不可及的夢想，難以證實的傳說……

不平凡的小村莊——迦耶

吟遊浪人背著破舊的手風琴，唱著旋律華麗的古老梵文，二〇〇五年我隨著滄桑的歌聲：「琴弦太鬆、音不成調，琴弦太緊、聲不悅耳，不鬆不緊、旋律優美……」彷佛走入喬達摩當年剛甦醒的世界。那是北印度平凡的小村莊烏留頻螺村，因爲兩千五百年前這裡發生了偉大的覺醒，於是人們在此造了大塔，紀念這個不可思議的故事。

正覺大塔位於北印度的比哈爾省的小村莊——迦耶。自古以來迦耶就是印度教保護神——毗濕奴的神聖之地。佛陀在這個聖地的菩提樹下悟得了宇宙生命的眞理，從此以後這個地方稱爲覺悟的迦耶，也就是現在大家所熟悉的菩提迦耶。

菩提迦耶原本是一個平凡的印度小農村，且位於印度治安最差的比哈爾省；卻因爲佛陀成道於此，一舉躍登世界舞台，每年吸引無數的佛教徒與觀光客到此朝聖。尤其每當藏傳佛教大法王來此傳法時，更會把這個小村莊擠得水洩不通，爲當地帶來可觀的觀光收入，舉凡交通、餐飲、小販……全部圍繞著正覺大塔聚集，當然這裡也是乞丐們乞討的重鎭。

不過，非觀光季節時，菩提迦耶便恢復它平日的寧靜。整排三輪車停在路邊召攬不到客人，畢竟只有觀光客才花費得起車錢，當地印度人相當貧窮，眞要坐車也是好多人擠在一輛牛車或馬車上。當地居民以農業維生，能夠有輛屬於自己的三輪車已經是不錯了。大塔外還有些攤販販售佛像念珠等紀念品，少數店家賣印度女人做沙麗的布料，閒來無事到小店喝杯印度奶茶，是當地人典型的生活方式。

▲遠觀印度多是自己的想像，細看印度卻是處處充滿古文明的人文風情．攝影 王慶中

但是，只要你從街道一走進大菩提寺，所有的喧囂便會自動拋到腦後，祥和寧靜氣氛油然而生。《妙法蓮華經》說：「若人靜坐一須臾，勝造恆沙七寶塔。」或許大塔正是佛陀降魔成道的所在地，才讓所有人一進入便能夠得到攝受，原本如野馬散亂的心，都在這裡止息了下來。

悉達多第二次誕生——重生

是巧合、還眞是宇宙巧妙的安排？佛陀覺醒的地點菩提迦耶，正好就是印度教三大主神之持守神「毗濕奴」的聖地。印度教徒普遍認爲，佛陀是毗濕奴的第九次降生，這種說法讓佛教徒很不以爲然，簡直就是硬要把佛教納入印度教系統，矮化佛教地位。其實不然，印度人認爲所有的神祇、諸佛會在不同的時代、因應不同的教化需求，不斷化生降世，引導人類提升意識，轉化生命品質。

傳說，毗濕奴躺在大蛇阿南塔的身上沉睡，在宇宙大海上漂浮。當一劫之初（相當於四十三億兩千萬年），毗濕奴一覺醒來，祂的肚臍長出一朵蓮花；接著，梵天從蓮花誕生，梵天睜眼看出去，世界萬物就這樣被創造出來了。

▲毗濕奴的肚臍長出蓮花（清淨），蓮花生出梵天，梵天睜開眼睛，世界就創造出來了。人跟梵天（神）的差異只在於「清淨」，你的眼睛創造出什麼樣的世界呢？（松擇明 繪）

▲相較於大名鼎鼎的濕婆神，毗濕奴在印度「低調」許多，你得有慧眼才會不小心與祂照面

題外話，泰國有名的四面佛，其原型就是擁有四頭的大梵天王。

我以爲毗濕奴在宇宙之海漂浮，跟胚胎在母體子宮羊水孕育成形，有異曲同工之妙，只是呱呱落地的是人，而不是神。不過，人卻是可以經過修持、成爲神，悉達多從凡人、覺醒成佛，正好印證了這個神話所要傳達的深意。

喬達摩，悉達多太子起初的確降生爲人，他的母親是摩耶夫人（Maya Devi）經典或稱她爲摩訶摩耶，摩訶摩耶是中文音譯，還原回梵文就極具意味了：**摩訶是Maha，意思是偉大。Maya則是幻象，兩個字合起來即是——偉大的摩耶、偉大的幻象。悉達多成道後被尊爲佛陀——Buddha，意爲覺醒的人。覺醒的佛陀的母親是幻象，意思等於「佛」是由「幻象」所生；所以一個平凡的人，若能穿透幻象，他就能轉身成佛。**

這位由一般女人肉身所生下的太子，的確也過了一段世俗生活、娶妻生子，直到二十九歲轉

▲既然覺醒（悉達多）是由幻象（摩耶夫人）所生，任何平凡人只要能穿透幻象，就能進入佛境

蓮花底下的爛泥如同我們的貪嗔癡等習氣，那是在世俗一路累積種種創傷匱乏所導致；看懂它的成因，自我療癒，勇敢地「捨離」，最後淤泥就能化為養分，長出清淨的蓮花

身求道，三十五歲在菩提迦耶悟道。這個過程，象徵一個人的第二次誕生——重生。

佛陀成道時說：「奇哉、奇哉，大地眾生皆有如來智慧德相，但以妄想執著，不能證得。」意思是告訴我們，人人都有成佛的本性，只是被自己的妄想和執著障蔽了；如果能夠洞徹自我的虛幻，便自然能止息慾望、貪求、忌妒、憤怒、與愛染著的心，從層層包裹的世間幻象穿越出來，不再徬徨、恐懼、憂悲惱苦。層層包裹的世俗幻象就像是淤泥，但蓮花卻可以從淤泥長出來，展現清淨澄明、無垢無染的芬芳。

如果從胚胎意識來看，當卵子與精子結合變成胚胎，進入母親的肉體子宮孕育，這個胚胎自然是承襲父母親的基因，父母親的情緒感受意志也直接植入、變成孩子意識的一部分，就像新的手機安裝不同的APP程式那樣。隨著年紀增長，雖然孩子會逐漸發展出個體性，但原初的設定依然存在，所以才有一說：八字是會複製的。如果父母遺傳給孩子的基因多一些健康快樂的因子，那也罷；反之，如果充滿恐懼、擔憂、憤怒，孩子在無意識下也就這麼照單全收，日後自然要發展成種種奇怪的性格。雖然產生焦慮或憤怒等情緒的原因很多，不過原生家庭的基因是最初的影響因子。

我們無法改變原始子宮、原始設定；不過，人人都有機會可以重建靈性子宮。

前面曾提到：一個人從小到大，隨著父母師長社會的暗示或期許，爲自己建造了如銅牆鐵壁般的安全堡壘，上天找得到那道裂縫敲醒你嗎？

從這個角度來看，我經歷七年的當機毀滅，目的就是要摧毀原始設定，以及一路養成的自我人格，看清錯誤的認知、失衡的能量如何迫使我那樣追求、這樣看待世界？汲汲營營到底得到了什麼？哪個才是眞正的自己？

於是，從外在追求所得到的頭銜、名利、權勢……等越來越無法定義你，使你感到滿足，在意和執著的人事物越來越少。換句話說，當世俗的一切不再對你產生強大的吸引力，你內在的神——毗濕奴，就有機會醒來。從祂的肚臍綻放蓮花，蓮花再生出佛來。

生命的整個過程，從追逐世俗價值，走到厭離，升起出離心，最後看淸世間的虛幻，這個「看見」不是用理性頭腦去理解，也不是感性的感覺體驗，更不是神通般的傳奇；是意識產生跳躍，跳脫理性與感性的二元拉力，自然進入那個「一」，不需要依靠任何外在條件來定義你，內在感到一種「錨定」，那就是一個人的第二次誕生，也是悉達多太子在菩提加耶重生——成佛，體悟宇宙眞理的眞諦。

重生意識

我們不是以高貴身份誕生在神聖的藍毘尼園，做爲一個庸俗凡夫，我們也沒有自己的藍毘尼園。但，幸好釋迦牟尼不是因爲誕生在藍毘尼園而成爲佛，他跟你我一樣，從一個凡胎肉身，經歷結婚生子，多年追尋、苦修……最後，才在菩提迦耶成道——成爲一位覺醒的佛。

基督信仰中也有復活節，《路加福音1:78~79》說天主「黎明的曙光將從高天臨到我們，照亮那些坐在黑暗和死亡陰影中的人。The Orient from on high……to shine on those who sit in darkness and in the shadow of death」Orient的意思本來是指升起的太陽、東方、日出

▲同氣相應，佛陀、基督的「重生意識」如東方日出，光芒耀眼，吸引同頻率的有緣人進入覺醒的光明中

之地。《聖經》學者說當Orient用在《聖經》裡指的就是基督，基督有如東方升起的太陽，給處於黑暗、死亡陰影下的人帶來曙光和新生。所以復活節的英文是Easter，意即「東方的」。

基督死而復活的過程是「我從父而出，來到這世界；又要離開這世界，到父那裡去。」（《約翰福音》16:28）基督的復活是要讓人們從罪惡與黑暗中，進入光明永生；從被邪惡所奴役，而進入最終的自由。唐代人說「天不生仲尼，萬古如長夜」；印度、尼泊爾的壇城建築、佛塔，面向東方的永遠是釋迦牟尼的坐像，同樣都是用東方的朝日比喻照破黑暗愚昧。

總之，不管是基督、佛陀、孔子，凡是能爲這個世界帶來光，破除人們無明、愚昧、罪惡，就是讓人「活過來」——復活、重生。

▲明代所印的「釋迦牟尼菩提座上成道」彩色刻本

▲佛陀最後選擇在印度最貧窮的比哈爾邦成就正等正覺，五十公尺高的正覺大塔矗立於此，意義更是非凡．攝影 釋法觀

▲平凡的迦耶小農村，因佛陀於此成道而聲名大噪

▲這棵菩提樹所在處即當年佛陀證道處

▲悉達多證悟前洗浴淨身處

▲佛弟子最初是以蓮足代表尊貴的佛陀

▲「佛國之旅」節目一開始找不到電視台播出，我每晚向這尊「佛陀 25 歲等身」佛像祈禱，希望播出因緣順利，結果在佛陀庇佑下，最後竟然是每周五、六、日晚上八點黃金時段，三家電視台一起聯播！

▲我座後即佛陀成道金剛座

▶苦修成皮包骨的悉達多太子

▶因苦修而昏倒在尼連禪河的佛陀，接受了牧羊女乳糜的供養，日後佛誕節佛教徒都要吃一碗乳糜，提醒佛子永遠朝向覺醒的心願。

五十知天命

西藏布達拉宮壁畫『照鏡子』有各種傳說故事，在序中我選擇了其中一個版本：金城公主從寶鏡中看到未來的駙馬爺墜馬，嚇得摔破寶鏡，最後仍決定無論苦樂，仍當來藏也。

你有金城公主即使摔碎寶鏡的不安預言，都願意前行的勇氣嗎？每一個來到地球的生命，哪一個不是希望擁有一個美滿的未來？但是，誰能給你掛保障？

金城公主從漢地一路前往藏區坎坷的旅程，最終要啟示公主的是什麼呢？你這一生經歷了那麼多的酸甜苦辣、生離死別，上天究竟要啟示你什麼？

苦行 vs 天命

印度傳統社會非常重視苦修者，他們相信透過對身體的折磨便能提高心靈層次。甚至低階種姓者只要願意發心苦修，都有機會成爲人人尊敬的婆羅門（覺醒的靈）。悉達多太子剃頭出家後，也跟隨前輩的腳步，走了五百多公里路抵達烏留頻螺村的苦行林，跟許多苦行者一起吃人們不要的飯汁、牛糞、鹿糞等食物，睡在荊棘或牛糞上，久久洗一次澡，竭盡所能的虐待自己的身體。

當他餓昏在河邊時，雲遊者的琴聲使他發現：人們的身心如同琴弦，太緊會斷掉，太鬆則曲不成調，因此，修行必須遠離極端的苦與樂，才能導入平靜安穩的中道，所以最後他決定放棄苦行。但或許也因爲這個典故，許多教徒似乎都攜帶著「吃苦」的基因，不畏艱難走上朝聖之路，或者從事一些神秘的「救度」工作，以爲這些事都是天命。

拍攝《佛國之旅》其間我曾經生了一場怪病，也因此而結識許多奇人異士，他們各個幾乎都對我說過「帶天命」這個特殊的字眼。什麼是天命？帶天命的人又是怎麼回事？他注定要受苦嗎，因爲上天有任務要交給此人？上天怎麼把任務交給人？人又如何才能知道什麼是他的天命呢？

《牧羊少年奇幻之旅》（O Alquimista）一書中也提到，每個人都有他的天命。

「天命就是你一直想去做的事。每個人，在他們年輕的時候，都知道自己的天命。在那時候每件事都清晰不昧，每件事都有可能。他們不會害怕作夢，也不畏懼去渴望生命中任何會發生的事物。然而隨著歲月流逝，一股神秘的力量將會說服人們，讓他們相信，根本就不可能完成自己的天命。」

如同《牧羊少年奇幻之旅》所描述，不畏懼追尋生命中任何渴望或可能發生的事物。我在年輕時，無論是個人因素、或工作使然，總是不斷往聖地高山去，探訪修行人，那幾乎是無法抵擋的狂熱，無論吃多少苦、再高、再遠、再艱難，我都毫無畏懼。那是天命嗎？還是業力？相對於一些很早就屈服於社會現實的人而言，我應該算是幸運的，始終朝著目標前進，而且最後攻頂成功。

在尼泊爾黃金廟巧遇的短期出家小僧侶，希望這段特別的清淨薰陶，
能支持他即使到了中年，都不忘記自己的天命

只是，當我完成了當時自以爲有意義的事之後，突然發現，外在的追求無論曾經如何輝煌都留不住，即使一再複製成功經驗，夜深人靜獨處時依然擋不住內心的空虛孤寂感，一次又一次的挫敗感，終於把「我」徹底打敗，可見年輕時以爲的天命和眞實的天命應該有極大的落差。而「隨著歲月流逝，一股神秘的力量將會說服人們，讓他們相信，根本就不可能完成自己的天命。」書中所講的神秘力量其實就是中年危機。

孔子言：「三十而立，四十不惑，五十知天命……」依照至聖先師的體悟，一個人要先對人生沒有疑惑（四十不惑），才能往前走到知天命，四十、五十歲這階段即是生命的中年。很可惜，我們目前的社會仍崇尚「年輕」，輕忽這麼重要的人生轉折點，導致許多中年人因年輕的價值感喪失而緊張焦慮，找不到一個眞正能讓自己安身立命的基點。

我大膽假設，佛陀恐怕二十九歲時就已經進入中年危機（中年指的是心理狀態，而非外在的年紀），他看見所有人終究要老、病、死，這個衝擊和焦慮，使他寧可在二十九歲放棄世俗的王位，也要去

▲瑜伽聖城恆河岸邊的印度女童很自然地捧水澆灌濕婆神的代表——林迦。神聖感如果能從小慢慢培養，心輪自能穩定，人生路才不會走得無明坎坷

解決自己內在最擔心害怕的問題，因爲他渴望終極自由。

每個人一出生、八字就定了，看起來像是上天爲你導演了一齣高潮迭起的劇碼，你依照八字結婚、生子、成功、失敗……。有此一說，出家修行的人如果去算命，通常都不會準，爲什麼？因爲他已經跳脫了先天的八字格局，不在三界之內。當然，這裡所指的是眞修行人，而非只是外在現出家相、內在依然世俗的俗人。換句話說，悉達多太子如果沒出家、成爲國王，他便只能跟著宿命走；但，也不是因爲他出家，就變得功德無量、天下太平。關鍵是——覺醒。悉達多王子因爲一心一意朝向生命解脫、參悟宇宙眞理，最後終於覺醒——天人合一（達成瑜伽），他才能跳脫原本的宿命

神啊！請使我成為您的載具，順您的意志行動，永遠與您同在

框架，而成爲人天導師，擔負起宇宙賦予他的任務。

同理可證，轉世活佛、法王、喇嘛、僧侶……，如果沒有覺醒，他的意識品質跟一般人沒兩樣，只能算是個穿上僧服、比較專心認眞學習佛法、朝向覺醒的修行者而已。所謂「一人出家九族升天」是因爲這個人的意識跳脫原本的八字宿命，這樣覺醒的「明」才能帶領其它人走出無明、脫離苦惱的纏繞，所以跟他相關的親朋好友（九族）才有機會一起轉化能量品質升天。

這麼說來，我生重病時那些奇人異士所說的帶天命似乎就太狹隘了，他們的說法暗指我比別人特殊，並且我還得像耶穌那樣背上十字架的重責大任一般。以爲自己很特殊而被揀選，如《聖經》所寫：「被揀選的人是有福的。」對於那些正在經歷生命幽谷的人來說這句話太沉重，沉重到寧可不要被揀選。反之，如果沒受到淬鍊，就被冠上這個天命的頭銜，只是平添自己的特殊性、高人一等，長養貢高我慢而已。即使用理性頭腦理解這句話、說服自己接受「吃苦」是在承接天命，這種話能在你生命發揮的澄淨作用也非常有限。**其實，天命的必要前提剛好與此相反，不是因爲你特殊才被揀選；而是因爲你具有把自己變爲特殊的能力——有能力朝向覺醒，有能力順天的意志行動，與天合而爲一，成爲上天的工具！**

如何成爲上天的工具？首先，就要清空「自我」這個裝滿水的杯子，這杯子從小到大累積了各種經驗：成功、失敗、自卑、自大、匱乏、富有……那些來自家庭、學校、社會、種族……所建立的藩籬及價値觀。但是，要自己主動清空杯子，通常是有難度的，誰願意放棄好不容易建立起來的城堡——舒適圈？所以，清空通常要由別人來做，那會是誰呢？……命運！

要成爲上天的工具必然倍受考驗，但許多人又誤解因爲業障深重所以才會遇到那麼多魔考。

記得當年我重病時，有些法師來探望我，他們都不約而同問：「你做了什麼孽，才受到這樣的病苦？」試想，病人要受病痛折磨已經夠辛苦了，他內心卻同時還要受到造業（孽）的譴責，這時如果剛好通靈人士再補上一段前世因果，這個人的「罪刑」就完全成立了。把所有的發生都推給業障或魔考最容易，這個人不需要爲自己的生命負責，一切發生由業障概括承受。或者有些虔誠的信徒一輩子都在重複經歷各種考驗，比如：經常出車禍、一再被拋棄、被欺騙、被背叛……不斷輪迴，以爲這是業障、魔考，如果修行只能修到這樣，是不是讓人太沮喪了？

半世紀的生命經驗使我體認到，要成爲上天的工具的確得倍受考驗，但考驗的目的不是要人們把重複受苦，誤以爲在消業；而是讓人在一次又一次的挫敗失意時，一點一滴的放下自我執著、自以爲是。當這個「我」的比重越來越低時，會有那麼一刻，你發現根本沒有「我」這玩意兒：生氣的是誰？失戀的是誰？擔心是誰？悲傷的是誰？得意的是誰？失意的誰？恐懼的是誰？……「我」終於沒有作爲了，「我」終於沒有期望了，徹底無私、無爲……這時，天命自然降下，所以，佛陀成道才說：「奇哉，奇哉，大地眾生皆有如來智慧德相，但以妄想執著不能證得。」這句話，才能變得有意義，那是每一個人，無論貧富貴賤、聰明才智，都能平等實踐出來的眞理。而不是一個朦朧、遙不可及的香格里拉。

涅槃極樂

百燭點亮佛陀涅槃場

西元前四八六年，佛陀和僧團從王舍城出發，走向二百四十公里外的拘尸那羅。他們一路向北前進，經過那爛陀、渡過恆河，再度走進了吠舍離，那時正逢雨季，於是便決定在那裡結夏安居。

當時年已八十的釋迦牟尼爲什麼不留在王舍城，卻要拖著病痛之身，選擇走向拘尸那羅呢？據說是因爲那裡是最低賤種姓——首陀羅的故鄉。這個偏僻的小村莊，一直以來都住著貧無立錐之地的賤民，貧民窟裡到處都是痲瘋病人和眼盲、體殘的人。直到我們到訪當年，窮鄉僻壤的小村莊依舊貧脊，連基本的生存都很困難。

據經文記載，在拘尸那羅城外，佛陀接受了鐵匠的供養，餐後腹痛如絞，但虛弱的老人默不作聲，吩咐阿難爲他取水解渴，之後走進一處樹林，在兩株娑羅樹之間靜靜地躺下。當地居民聞訊紛紛趕來，期盼能聆聽最後的教導。臨別前，偉大的導師要比丘們若有任何疑問，現在就問；他垂詢三次，大家一片靜默。老人家殷切地對弟子們提出最後的告誡：「……一切因緣和

合法，必定敗壞，大家應自精勤，切莫放逸。」就右脅而臥、兩腳交疊地睡了。

由於好戰團體的蹂躪，這些佛教聖地都已凋零荒蕪了千百年。直到西元一八五二年，拘尸那羅的遺跡才終於重見天日，如今成為朝聖團必參訪經的聖地。白色的大涅槃寺的石雕臥佛，因擔心遭受破壞而深埋地下；直到十九世紀，才被考古學家挖掘出來，後來信眾為其貼上金箔，平常都披著一件黃色袈裟，我們為求節目效果把黃袈裟掀起來，並在臥佛四周點上蠟燭。

如果佛陀誕生的藍毘尼園是節目開場，那麼結尾肯定必然該是「涅槃極樂」。為了這一幕，

▲內在有光，就能照破各種顛倒無明

光是拍攝許可就交涉了好幾個月，又到印度考古局坐了好幾天冷板凳，才能進入拍攝。來到現場，我又突發奇想要在窮鄉僻壤找足一百根蠟燭……

「涅槃極樂」這場大戲，果然不容易。

回想起十八歲時，我開始接觸佛法，年輕的生命對一切都充滿好奇，佛法當然也是我好奇的主題之一。一天，我與一位法師坐在臥佛前聊天，佛殿掛的匾額卽是**涅槃極樂**。

我問：「什麼是涅槃極樂？」

法師說：「我們要讓心如止水，不要像海浪般起伏不定……」

我回：「心，怎麼可以如止水呢？生命這麼有趣，要像波浪有高有低才精彩啊！心如止水不就死了……」

「止水指的是心要穩定。」

「心，要如何穩定？」

「打坐、念佛！」那是十八歲第一次聽到涅槃極樂的解說。

三十五歲，我親身來到印度拘尸那羅佛陀涅槃場，仗著拍攝「佛國之旅」的福德因緣，竟能掀開蓋在臥佛上的黃色袈裟，並且蒐集拘尸那羅全村的白蠟燭，不多不少剛好一百根，爲佛陀涅槃拍下完美的句點。

我站在點滿白色燭光的臥佛像前錄影說：「儘管曾經貴為王子、貴為『覺悟的聖人』，人間的覺者佛陀，終究走進了老、病，而進入寂滅。公元前五四三年的月圓之夜，釋迦牟尼佛在平凡的小村莊拘尸那羅涅槃。遵循生老病死的自然法則，平凡的佛陀結束了他不平凡的一生，而

一個內在能止息的人，自然不再心猿意馬，無論在安靜的禪房或是吵雜的市集都能——安靜

▲有一天，我也將化為如背後那一縷縷白煙；但，此刻，我已無憾

他所宣說的教法與中道之路，兩千多年來撫慰著千千萬萬尋求心靈解脫的佛弟子。而如此深的影響不僅僅發生在印度，更遍及了世界的每一個角落。」

說著說著，喉嚨哽咽了。遙想兩千五百年前世尊帶著弟子們修行的美妙光景，我是否曾在其中？如果是，爲什麼現在還在這裡？其他同行者都到哪裡去了？

回到台北錄音室，讀著已往生的前輩詹德茂，他以德蒙多傑爲筆名爲「佛國之旅」節目所撰寫旁白：「印度人流傳，薄伽梵往昔為轉輪聖王，曾經在拘尸那羅六度捨命，而兩千五百年前的那一次，是他的第七次，但那也是最後一次，不會再有第八次了。因為薄伽梵涅槃了，涅槃就是如來，如來就是無所謂來、無所謂去，既沒有來、也沒有去……。」再度哽咽，佛陀涅槃了，不會再來了嗎？我…煩惱未斷、欲望那麼多……我……何時才能脫離生死大海？

行文至此，十多年又過去了，我如果仍在來去之間爲五斗米折腰，在悲歡、離合、生病、老去的日常中反覆浮沉，那我不是要更傷感了嗎！

寂靜涅槃，絕對的自由

當年爲了最後這一幕，從清晨拍到黃昏。傍晚時分，天色漸黑，出乎我們意料之外，此時一群搭著金黃色幔衣的法師們，魚貫地走進涅槃場，圍著臥佛，跪在那一百根白蠟燭旁，合掌誦念著：「無比至善者，真知善施捨……」這極其自然而動人的畫面，就好像是冥冥中佛陀特意安排的，宛如天成。

人們稱佛爲覺醒者，祂的意識已跳脫二元對立。一般人的意識則停留在二元的是非對錯、好壞美醜、天堂和地獄……。印度文化還有另一種說法稱「莫克夏」，中文譯成「解脫」——它意味著絕對的自由，既非地獄，也不是天堂。

印度一位知名靈性大師對於佛陀的詮釋非常美：據說一個像佛陀這樣的人，你無法拍攝祂的照片，沒辦法抓住祂現在的臉，因爲你一抓到祂，祂就成爲了過去；一了解祂，祂就已經走掉了。佛陀的名字之一是「如來」，便意味著好像風一樣，來了又去，去了又來……。

當年修行功夫不夠紮實，我的確感到佛就像風一樣的來去。但是，最後遇見貫穿易經、佛法與印度瑜伽的「空性大師」松擇明，直接把我帶入覺醒之門，喚醒我內在原本沉睡的亢達里尼（軍荼利、潛龍），再經過數年浸淫、清理滯重的能量，使我對涅槃極樂有了跳躍性的體解。關於佛陀像風一樣來去的形容雖然很美、讓人充滿想像，但卻有種無法實踐、無法著地的落實感。

如果你只想欣賞文詞、汲取靈性知識、沉浸在聽經聞法的歡喜……或許上述那種飄飄然的描述已足矣。但我以爲**生死事大，如果無法在驚濤駭浪的生命中獲得穩定能力，爲悲憂苦惱找到究竟的出口，我們要如何面對無常？**比如，讓全球停滯三年的疫情如果捲土再來，如果遭遇極端氣候的威脅，天災人禍等等，你如何從容以對？何況，每個人無法避免都要歷經人生的最後一課——生離死別！

加德滿都火葬場對岸，矗立多座代表毀滅力量的濕婆神林迦塔室，而活著的人會在那裏散步、靜坐，生與死在這裡，一點也不衝突

如何能達到苦的止息？

涅槃梵文爲Nirvana，從字根來說，都帶有遠離煩惱狀態的意義。梵文Nir爲「無、純然、純淨」，vana爲渴愛的糾纏。所以簡單說，涅槃就是：苦惱被止息、淨化了。

首先你必須要具備——一切都是留不住的幻象的體認。但這是要「很清楚的體認」，清楚到可以看見世上沒有一件事是例外。當然，在這毫無例外的現象中，最重要的是我們要了知，即使是你此刻的認識能力、覺知、起心動念，也都是刹那變動不停的虛幻影像。

能有如此的體認，才能脫離虛幻心識活動的纏縛。

脫離纏縛就是涅槃，涅槃不是憑空創造出來的某種新東西，涅槃也不在遠處，更不是死亡。把錯誤的認知拋掉，涅槃就形成了——錯誤地以爲此刻的存在非常眞實，而不知道每一刻都是生滅不定、因緣和合所成，就會形成煩惱。這個錯誤認知消失了、無了，就是涅槃Nirvana。

《涅槃經》說：「諸行無常，是生滅法；生滅滅已，寂滅為樂。」

一切現象都是無常變動不能暫住，凡生起的，必有毀滅；一個不能暫存的現象——或說它的存在脆弱得像水泡一般，馬上就要破滅，爲什麼你還想費神去糾正它、去除它？這是畫蛇添足啊！

安靜地看著這一切，連伸手都是多餘的，它已經在改變了。

但，人們往往還卡在一個神秘的死結上：「我也想放下，但放不下啊！」

▲我們竟然有幸能掀開披在臥佛像上的袈裟，感覺更靠近佛陀一點點，即使只是一點點點靠近……都好

▲ 2005 年我在拘尸那羅小村莊到處蒐集，最後不多不少得到 100 根蠟燭，在臥佛四周點亮，宛如一座壇城。錄影最後，完全不在彩排規劃中，一群南傳法師意外地魚貫入場誦經，攝影團隊在驚奇下完成了無比莊嚴的最後一幕畫面——涅槃！

▲ 2005 年涅槃場樸素又有點寂寥的外觀

▲在印度隨時要跟「無常」照面，記得拍攝前才下著冰雹，砸死了幾位村民。雨停後，這孩子就在涅槃場外擊鼓而歌，歌聲有點蒼傷卻又不悲傷……

▲再也不用遺憾無緣與佛陀相見；在清明的每一刻當下，我知道，祂，一直都「在」

佛陀拈花，我們微笑

從二〇一〇年一月三日完成「高山上的老頑童——達賴喇嘛流亡紀錄片影音交響晚會」後，我的生命從絢爛跌入深淵，歷經被上天關機的兩千零一夜，亦即將近七年的歲月之下。幸賴，在仰德大道想起曾經教導鹽水泡腳的老師，也是易經、空性大師松擇明，他喚醒我內在沉睡的靈性能量，清理滯重的能量黏附，使我狂惑不安的身心，自然而然安靜下來，最後體驗到無一物處才是歸鄉的寂靜。

二十多年來，我走遍喜瑪拉雅山蓮花生大師的聖地或閉關修行的山洞，每一次都雙手合十祈禱——請引導我早日遇到根本上師。那時並不清楚根本上師的眞義。現在我懂了，能夠引導你成爲自己的導師、成爲自己的主人，從此心不顚倒，度一切苦厄，享受絕對自由的那一位，就是你的根本上師。

更令人驚奇的是我終究擺脫先天八字的桎梏，不再複製父母的命運，遇到了我的靈魂伴侶，他，就是我的根本上師。

最後，在本書結尾之際獻上松擇明老師的經典文章，願有緣閱讀者同登解脫彼岸……。

《佛陀拈花，我們微笑》

松擇明 撰

佛陀即將涅槃，大梵天王哀痛地獻上一朵千年才開一次的金色波羅花，然後靜靜等待佛陀給予最後的教誨。

佛陀只是拈著金色波羅花，眨著眼，揚揚眉毛。會中大眾惘然不知其意，唯獨大迦葉微微一笑。於是後世有了「拈花微笑」這個公案。

到了宋代，已經沒人知道這個公案是根據哪部經典來的。如果不是來自經典，那不就是好事之徒憑空杜撰出來的嗎？

王安石曾這樣問佛慧法泉禪師：「世尊拈花這個典故出自哪本經典？」

法泉禪師說：「大藏經中並沒有這個記載。」

王安石說：「其實過去我在翰林苑時曾偶然間看見《涅槃經》三卷，裡面說：『梵王在靈山會上，以金色波羅華獻佛，請佛說法。世尊登座拈花示眾，人天百萬悉皆罔措，獨迦葉破顏微笑。世尊曰：吾有正法眼藏涅槃妙心，分付迦葉。』」

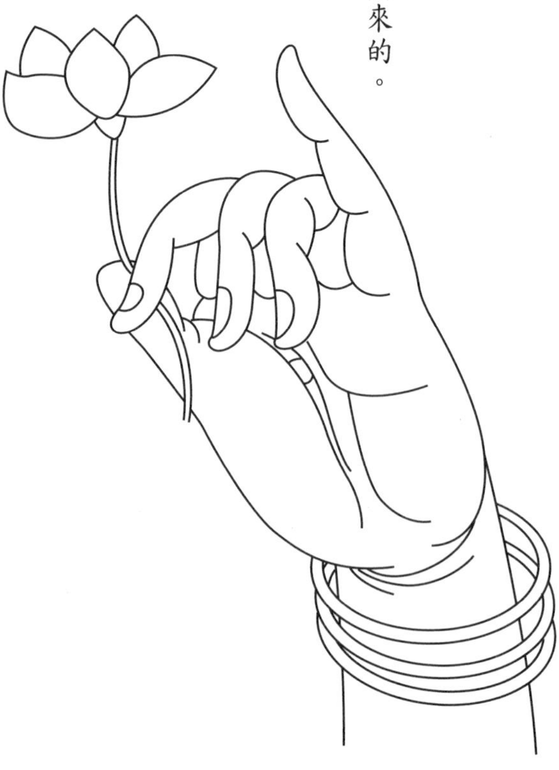

王安石講的這本《涅槃經》，其實就是《大梵天王問佛決疑經》，然而它也在宋朝之後失傳了，這下對後代的人來說，連王安石和法泉禪師是否真實有以上對話？都可疑了起來。

不料宋後三百年，這本經竟在日本發現抄本，因此再傳回中國，總算證明佛陀拈花微笑這件事有根有據，並非向壁虛構。

佛陀說法四十九年，臨涅槃時，提綱挈領一鎚定調，以拈花揚眉瞬目終結。

四十九年所說所行，不能說不多不久。在佛陀應機說法中，每個當事人一定深有所得，他們心中都有個：「如是我聞，佛陀這樣這樣說……」的自得之意。

將來這些深有所得的千萬弟子難免都要堅持「己見」，質疑別人說：「這般……這般……才是佛陀真正的意思！」

《法苑珠林卷第三十五》就記載說，佛陀涅槃後一百年，就有無智慧的比丘依己見將戒律經典分為五部。又一百年後，當時的比丘又將佛陀說法經典，分為觀點不同的無數部，於是自己相互諍論攻擊，以致加速了佛法的滅亡。

於是佛陀此刻默然；沉默是祂最後的教誨。

《大梵天王問佛決疑經》中，記載即將涅槃的佛陀說：以往四十九年來所說的種種高妙神聖的法，不過都是隨宜所說，現在最後關鍵要交代的是「不隨宜」所說。

不隨宜所說就是對全部的人說，每個人都適用。

默然，一切心有所得都寂靜下來，徹底的寂靜，這就是「不隨宜」之說。

誰沒有徹底寂靜這個能力？
只要願意徹底的寂靜、沉默，那麼，覺醒便會在那裡。
佛的教誨根本是「諸行無常、諸法無我、涅槃寂靜」三法印。
四十九年佛所行不是無常嗎？
四十九年佛所說不都是無我之法嗎？
既然「我」都看破了，哪會不能安靜寂然呢？
這個寂靜就是涅槃（苦、煩惱的止息，停止輪迴）。
這日佛陀即將涅槃，在行將涅槃之際，用「涅槃寂靜（靜默）」所給的最後提醒，不是最神祕廣大的隨宜或不隨宜嗎？
寂靜在，覺醒便在，涅槃便在。大迦葉在寂然中接受了這個最後諭示，這個大會最安靜的中心在此，其餘一千大眾心緒全是亂的——佛陀要涅槃圓寂，這個衝擊能不大嗎？弟子們心能不亂嗎？
我們的一生不夠亂嗎？時代不夠亂嗎？歷史不夠亂嗎？
一切夠亂了，以致我們失去寂靜，也失去微笑，於是最後人天導師要將寂靜的金色波羅花放進我們心中，讓我們有能力微笑。
佛陀涅槃了，那一天，他為我們傳了一個密法，那個微笑靜默的影像深深地印在我們心中，亙古常新。

北齊·釋迦牟尼佛靜謐安詳的石像。上海博物館典藏

國家圖書館出版品預行編目（CIP）資料

我被上天關機的 2001 夜 / 廖文瑜著 .-- 第一版 . --
臺北市 : 樂果文化出版 : 紅螞蟻圖書發行 , 2024.01
面； 公分 . --（樂繽紛 ; 54）
ISBN 978-957-9036-52-8(平裝)

1.CST: 廖文瑜 2.CST: 傳記

783.3886 112018819

樂繽紛 54
我被上天關機的 2001 夜

作者／廖文瑜
攝影／松擇明、王慶中、陳俊清、吳德朗
吳錦墀、邱筠涵、陳沛元、釋法觀
文字編輯／本來學堂
美術編輯／本來學堂
行銷企劃／黃文秀

出版／樂果文化事業有限公司
讀者服務專線／（02）2795-6555
劃撥帳號／50118837 號　樂果文化事業有限公司
印刷廠／卡樂彩色製版印刷有限公司
總經銷／紅螞蟻圖書有限公司
地址／台北市內湖區舊宗路二段 121 巷 19 號（紅螞蟻資訊大樓）
電話：（02）2795-3656
傳真：（02）2795-4100

2024 年 1 月第一版　定價／500 元　ISBN 978-957-9036-52-8

WC